戰國
重金屬之歌

漢字與文物的故事

許進雄 著

貳・其他生活用具——其南笙鐘，薰香自燒——150

參・權位與信物——玉六器，禮四方——208

肆・占卜與預知——不敢暴虎，不敢馮河——254

伍・同場加映——276

（序）

中華文物的初學津梁

在同儕之中，許進雄的學術成就是我最佩服的。他的甲骨研究和著作，於安陽博物苑甲骨展覽廳被評為世界對甲骨學最有貢獻的二十五名學者之一；他的《中國古代社會：文字與人類學的透視》，從文字與人類學加以透視，堪稱別開生面的經典名著。因為他有機緣在加拿大皇家安大略博物館和多倫多大學沉潛三十年，博覽群籍，摩挲文物，從而厚積學識、廣開眼界，以不惑之年，即蜚聲國際。

進雄的性情，也被同儕評為天下最老實的人。他雖然愛說笑話，博君一粲；但襟抱磊落、表裡如一，言必有信。他放棄加拿大高薪穩定的工作，「回母系貢獻」，也因此留下臺大中文系新聘教員「全數通過」的紀錄。他在臺大，用心用力的培養甲骨學新秀，希望這一門「望重士林」的學問，能夠在中文系薪火相傳。在他心目中，也果然已有傳人，可惜始終未能扎根母校。如果說進雄返國多年，有什麼遺憾的話，應當只有這件事。

有天世新大學牟宗燦校長向洪國樑主任跟我徵詢，能使世新中文系加強陣容和向上提升的人才，牟校長當即同意禮聘進雄。我很高興數十年莫逆之交的弟兄，又能一起為世新盡心盡力。而青山綠水、清風明月，杯酒歡笑，亦復能洋溢於白髮蕭疏之中。

進雄將由臺灣商務印書館出版一套四冊的《漢字與文物的故事》，那是他在臺大和世新的授課講義，以文物作為單元，逐篇撰就，篇篇深入淺出，可以看出進雄學養的扎實，而機趣亦自然流露其間。我認為此書不止可作為喜愛中華文物的初學津梁，其精要的見解同樣可供學者參考。

能出一本書是讀書作學問的人的一大愉悅，在為進雄感到高興之餘，也寫出我對他治學為人的一些認知。因為就讀者而言，「讀其書，不知其為人可乎！」

曾永義

（自序）因緣際會說甲骨

一九六〇年我進到臺灣大學中文系，因緣際會開始研讀甲骨學，到了研究所畢業的時候，我的甲骨學知識已能自行研究，獨當一面了。一九六八年，承蒙中央研究院歷史語言研究所的李濟博士與業師屈萬里教授共同推薦我去加拿大安大略省多倫多市的皇家安大略博物館，整理明義士博士收藏的大批甲骨文字。我從未想到會因此因緣而深涉中國古文物以及中國考古學的知識。

皇家安大略博物館原來是多倫多大學附屬的機構，兼有教學與展示的功能，一九六八年因擴充編制而脫離大學成為獨立的省屬機構。館藏的文物包括人類所有地區的文明以及科學各領域的資訊。其中以遠東部的中國文物最為有名，號稱是中國地區以外最豐富的十大收藏之一，很多藏品獨一無二，連中國都難得見到。

我在臺灣所受的專業訓練是有關中國學問的，既然身在以收藏中國文物著稱的單位服務，自然會變成同事們諮詢的重要對象。為了因應工作的需要，我只得擴充自己求知的領域，除了加強對中國思想、文學、語言等學科原有的訓練外，也自修考古、藝術、民俗、天文、產業等各方面的知識，以應付博物館的多樣化展覽主題，因此也就不自主地開始深入了解中國文物的必要知識。

在多倫多，我本有博物館與多倫多大學的穩定工作。但受到學長曾永義教授「回母系貢獻」的一再敦促，一九九六年應臺灣大學中文系之聘，回國來講授中國古代社會、甲骨學、文字學等課程，當時尚未有開設相關中國文物課程的構想。在一次餐會中，認識了世新大學通識課程的主任趙慶河教授，他談及想增加中國文物知識的普及化教學課程，我告以自己曾經在博物館工作，具有二十幾年參與中國文物的收藏與展覽的經驗，在加拿大的洋人社會裡也長期從事推廣中國文化的活動。他就問我是否可以考慮去世新大學開一門有關中國文物的通識課程，我答以何樂而不為。當時以為只是客套的交談，並未作教學的進一步打算。誰知開學前不久，突然接到電話，說通識課程已經排定了，請我準備上課。在匆促之間，就決定以我與同事們為介紹館藏重要文物所編寫的書，《禮敬天地，皇家安大略博物館的中國寶藏》"Homeage to

Heaven, Homeage to Earth – Chinese Treasures of the Royal Ontario Museum"（多倫多：多倫多大學出版部，一九九二年）作為講課的主要教材，輔以其他機構的典藏品。如此一邊教學一邊編寫教材，一年之後，初步的教材就緒，我也就把中國文物概說的課帶到臺灣大學去。

皇家安大略博物館的展示以主題為主，每個展覽的籌劃都像寫一篇論文。不但展示的整體內容有起承轉合的結構，個別文物的說明，除必要的名稱、功能、質材、年代、製造、裝飾等資訊外，還特別重視文物背後所隱含的生活與社會意義，希望觀眾於參觀後，能對展示的主題有明確的認識，而不是只瀏覽展品美麗的外觀而已。在長期受這種以教育觀眾為展覽目標的主導原則的影響下，我對於文物的認識常著重其製造時的社會背景，所以講課時，也經常借重我所專長的中國文字學、中國古代社會學，作綜合性的詮釋與引申。譬如：在介紹紅山文化的玉豬龍時，就借甲骨文的𠂤字談佩帶玉珮以驅避蚊子的可能；介紹大汶口的象牙梳子時，就借用甲骨文的姬字談髮飾與貴族身分的關係；教到東周的蓮瓣蓋青銅酒壺時，就談蓋子的濾酒特殊設計；介紹唐代的彩繪釉陶婦女騎俑，就談婦女生活解放與自主性的問題；對半坡文化的小口尖底紅陶瓶，就談中外以陶器運輸水酒的慣習；對唐代墓葬的伏羲與女媧絹畫，就談中國的鹿皮與結婚禮俗，以及古代臺灣原住民與漢族的關係。借金代觀世音菩薩彩繪木雕介紹觀音菩薩的傳說與信仰；借宋代太和銘雙龍紐鎛鐘談宋代慕古風氣與金人洗劫汴京的史實；利用刻紋木陶拍介紹陶器燒造的科學知識等等。

大部分同學對於這種涉及多學門、整合式的新鮮教學法感到興趣。有位在某出版社就職的同學找我談，說她們的總編輯對我講課的內容也有興趣，有意請我將講課的內容寫出來出版。在與總編輯面談後，初步決定撰寫一百四十篇，每篇約一千一百字，以一件文物為中心，選取新石器至清代各種不同類型的文物，依教課的模式與精神，談論各種相關的問題。至於書名，因博物館的展覽經常提供導覽服務，導覽員會對較重要的展品作詳細的解說，並申論個人的意見，這與本書撰寫的性質和目的非常類似，所以就把書名訂為《中華古文物導覽》。每篇文章都是獨立的單元，讀者可以隨意瀏覽，不必從頭讀起。

面談後我就興致勃勃的開始選件與寫作，誰知到了任務快完成時，因版權費的原因，我不簽合約，寫作的興致也就此打消，於寫完一百三十一篇後就輟筆不寫了。之後曾把部份文章改寫為六百字的專欄刊在國語日報上，但登了四十幾期亦中止了。後來國家出版社的林社長向我徵求甲骨學方面的稿件，我一時沒有甲骨學的著作，就想何不補足文物導覽的稿件交給該社出版。承林社長不棄，付梓問世了。

《中華古文物導覽》出版後，我接到大陸朗朗書社的電話，說這本書的寫作方式非常新穎，打算介紹給中國的讀者，問能不能授權給他們簡體字版的版權。我就請他跟國家出版社直接洽談。於取得簡體字的版權後，央求我多寫十篇。我也答應地寫了。出版時改名為《文物小講》。

《中華古文物導覽》出版後，我發現市面上不太容易找到這本書，但《文物小講》銷售卻不錯，再度簽了五年的合約。顯然並不是內容有問題賣不出去，而是銷售的方法不合適。我於是找臺灣商務印書館談，把國家出版社這本書的版權買下來，而我大幅擴增內容，預定完成全新的版本共四冊，並把教課的講義作適度的刪改，使其適合大眾閱讀。很高興洽談成功，把版權移轉到臺灣商務印書館。現在出版在即，把原委稍為說明如上。最後還希望學界先進，賜教是幸！

許進雄

民國一〇七年五月九日於新北市新店區

青銅不凡

國之重器

壹、禮器與兵器——青銅不凡，國之重器

古代冶金文明

古代冶金文明

生產力是決定一個社會經濟水準的主導力量，使用的工具則是衡量其生產力的標準。工具的效率與社會發展的階段有密切的關係。冶金術的發明使人們走出漫長的石器時代，進入一個新的階段。最早出現的紅銅，是因為它原本就在大自然界中存在。紅銅可以捶打延伸，隨意造形，耐用且不易折斷，並可改鑄。雖然有這些優點，但硬度低，生產過程困難，不若石材產量豐富、易於打造。所以紅銅主要用來打造飾物，對於經濟生產影響不大。

紅銅與鉛、錫等其他金屬的合金，易於氧化生青鏽，故稱之為青銅。青銅的熔點比紅銅低，硬度反而高。銅依不同合金成分，可以鑄成銳利堅硬的武器和工具，或美麗的祭器，對於國家生存都具有極高的價值。所以青銅冶鑄的發明，激起了古人尋求原料加以熔鑄的狂熱。但採礦是辛苦又危險的工作，不是人人樂意從事的，所以有人提出說法，認為古人對金屬的需求，促成組織及管理能力的進化，為了更有效率的運用勞工，因此有了國家機構的雛形。

過去都認為中國在發展青銅以前與其他文明一樣，也有一段時間是使用不必經過熔鑄的紅銅。理論上，青銅熔點較低，熔煉青銅要比紅銅容易。故也有人以為在中國，熔煉紅銅的技術可能遲於青銅。從發掘資料來看，中國在西元前四千到三千年間，可能無意間煉出青銅。不過那種偶然煉出的少量青銅，對社會難有影響。真正的青銅器時代要到能掌握其技術，並有一定量的生產時才算，即西元前十六、七世紀時。

較銅更影響社會的是鐵。商代遺址發現有套鑄鐵刃於銅柄的兵器，表明商人充分明白鐵較銅銳利的特性。隕鐵可加熱鍛打成器。也許人們因隕鐵而了解金屬的性質，才誘發燒烤石塊而導致冶金術的發明。

近年的發掘證實春秋早期已有熟鐵。春秋晚期更有用熟鐵滲碳鍛打成鋼。商人既知鐵比銅銳利，又有鎔鑄的熟練經驗，鐵礦的分布也遠較銅錫普遍。商代的陶窯溫度能輕易達到把鐵礦燒成海綿鐵的攝氏九百到一千二百度。所以從理論上來說，商人可能有鍛打熟鐵的知識。不過鍛打的方式太過費時，技術也難把握。要等到鑄鐵發明後，中國社會的工具水準才有進一步的發展。

西洋發明鍛鐵比中國早，但發展生鐵卻比中國遲一千五百年以上。中國鍛打熟鐵的時間不長，相對的，比較習慣使用塊範鑄器的方法。至少在西元前六世紀，就採用一貫的鑄器方法，用高溫熔化鐵以澆鑄器物。戰爭可能是發展鑄鐵的契機。東周時諸侯交戰頻繁，士兵漸成專業，生產人力減少，不能不謀求增產的方法。但青銅是鑄製武器所需，難以大量轉鑄農具。鑄鐵雖易斷折，但大量鑄造足可彌補其缺點，所以很快發展起來，生產的速度大大提高。因此有人以鐵的廣泛使用作為封建社會的開端。戰國中、晚期鑄鋼技術更成熟，鐵也取代銅成為武器的材料，銅鎔鑄業至此就大為衰微了。

青銅器的發掘與功用

工具使人能從事超越自己體能的工作，改善獲取原料的

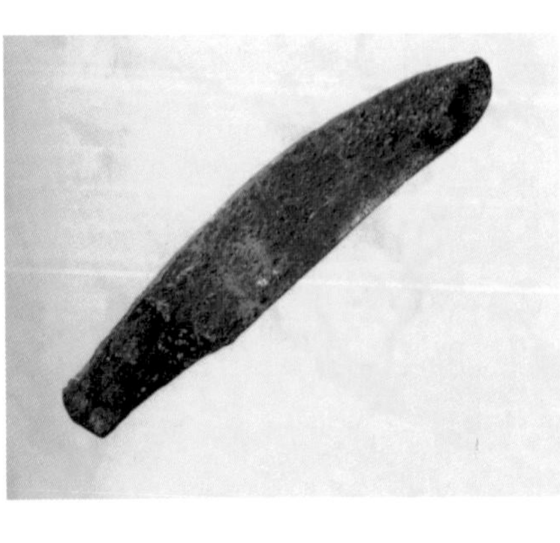

圖 1-1
青銅刀，長 12.5 公分，甘肅東鄉縣出土。馬家窯文化，約西元前三千年。

效果，從而提高生活的水準。一般情況下，青銅比石頭堅硬銳利，尤其是它可隨意賦形、不易折斷、經久耐用、可隨時改鑄等優點，是石頭萬萬比不上的工具製造材料。

圖 1-1 這把青銅刀由單範鑄成，接觸空氣的一面比較粗糙。作法是在一塊石頭上挖刻刀形，然後把熔解的金屬液倒上去，等金屬冷卻了剝剔出來，再加修整就成了一把青銅刀。稍微複雜的器形就需要用兩塊或更多塊型範鑄造。以這種型範套合的方式鑄造的叫塊範法。這件青銅刀是目前所知中國最早的完整青銅器，在冶金史上具有重要的指標地位。

外國在使用青銅之前，有很長一段時間是使用鍛打的方法，讓自然紅銅成形。紅銅的硬度低，主要用以打造飾物。故後來發展青銅時，也經常以之打造飾物。在中國，偶然煉出青銅的時間，可能早至西元前三千至四千年。在六千多年前的遺址中就有見到殘銅片，到了西元前四千多到三千年間則出土了較多的青銅殘片、煉渣，甚至圖 1-1 的這把刀。但以目前資料來看，能有效控制其技術並大量生產的時點，大概要到早商或其前不久，即西元前十六、七世紀時。中國可能很快甚至沒有經過鍛打紅銅這一階段，就進入青銅的時代，所以與西洋異趣，很少以之鑄造飾物。

青銅是銅與鉛、錫等金屬的合金。依其合金成分的不同，可以鑄成不同顏色、硬度、韌度的器物。其銳利與堅韌的特性，可以製造武器和生產工具，而金紅的賦色及富有光澤的特性，可以滿足祭器及飾物等不同需要。

商周墓葬出土的青銅器絕大多數是武器及禮器。那是因為青銅為當時新發現的最有用材料，由有權勢者控制，為其需要而製作。競爭是為了生存不得不採取的手段，戰爭是經常採用的解決爭執的方法，武器則是執行爭鬥、生死攸關的器具；青銅既是最銳利的材料，當然要優先加以製造。另一方面，無所不在的鬼神世界對於古人來說，有不可抗拒的威力，主宰著人類的禍福，不能不取悅；供奉鬼神的禮器就得用最貴重的青銅製造。在這種「國之大事在祀與戎」的古代中國社會，青銅的主要鑄器就順理成章為祭器和武器了。

青銅禮器是祭祀和宴飲等行禮時的擺設用具，主要為有關進食的容器。演奏的樂器不佔什麼地位。各種容器有一定的形制和用途，主要有炊具的鬲（ㄍㄜˊ）、甗（ㄧㄢˇ）、鼎、甑（ㄗㄥˋ）、釜、灶。盛食的簋（ㄍㄨㄟˇ）、簠（ㄈㄨˇ）、豆、皿、俎。盛酒則有尊、彝（ㄧˊ）、壺。調酒用盉。溫酒用爵、角、斝（ㄐㄧㄚˇ）。飲酒用觚、觥，盥洗之器有盤、匜（ㄧˊ）、鑒、洗等。盛食之器還分菜肴與飯粟，不能搞錯，就像西洋人飲酒，不同的酒要用不同的杯子一樣。

商人好酒屢見古人的記載，所以飲酒一項就設計了盛、溫、調、飲等多種專用的器具。反映在墓葬中的結果，就是酒器多過食器不止一倍，並且其數量跟質量，能當作墓葬等級的指標。西周以來，酒器分量漸減，終至大大少於食器。商周銅容器的不同性格也反映於裝飾的花紋，商代裝飾是充滿神祕氣氛的饕餮，周代則慢慢變成幾何形的圖案。

商周時代的武器以戈最為重要，它是有了青銅以後才出現的形狀，是專為殺人而設計的；利用揮舞的力量，以刀尖砍劈頭部，或以窄長的刃拉割脆弱的頸部。隨著時代的變化，其刃部逐漸加強而彎向柄的一邊，使刃的長度和攻擊的適當角度都增加。矛也經常加於戈上，增加衝刺時的攻擊力。次要的有用以行刑，作為權威象徵的厚重寬刃的鉞，或作為行刑或威儀的細長平刃的斧與戚。

其他青銅鑄器，還有車馬上裝飾的零件，雖不關生存，但都是貴族用以表示威儀的東西，故也被大量的鑄造。春秋時代以後，也許鐵冶的發明，替代了部分銅器，有餘銅可以鑄其他物器，因此不但用以鑄造生產的工具，也發展到非生產性的建築物，用之做為木材的框架，代替榫卯以結合木構件，達到增強結構與美觀的效果。

第一章 受到偏愛的銅器製造法

了解中國冶鑄技術的複雜性，肯定能對中國青銅器的精美有更深一層的欣賞與感動。古代中國人偏愛用塊範法鑄造銅器。其製造的模組約如圖 1-2 所示：

首先是塑模，即以泥土塑造與所欲鑄器物同大小的形象，如圖 1-2 左，中間細長部分的銅車軸端飾件。然後在其上雕刻花紋或文字以便翻範。翻範的方法是把澄濾過的細泥調製溼潤，拍為平片，按捺在模的外部，用力壓緊使花紋細節反印在泥片上。待泥片半乾，用刀分割成數片，加以燒烤，每片就是一個型。所示的車軸端飾件，器形簡單，只需割成兩半，內壁留下反印的器型及花紋。如果是爵之類的器物，則稍微複雜，需要八、九塊。最後手續是套合。是在

先人的智慧
塊範法

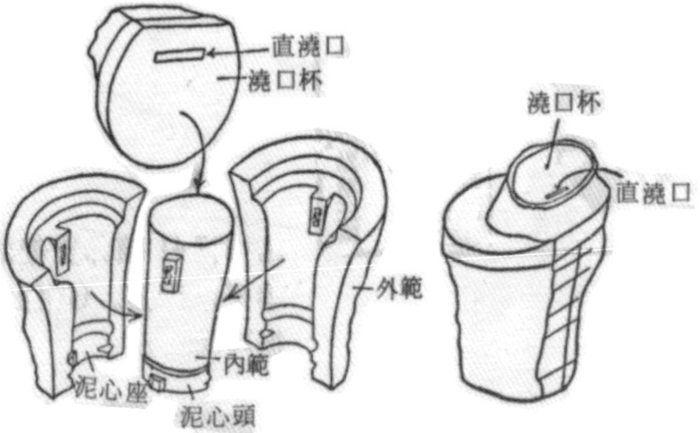

圖 1-2

模子上刮下欲鑄器物的厚度，然後把外範和內模套合在一起。兩者中的空間即為器物的厚度。內外模型的榫眼要扣合，並以繩子捆牢，再抹上泥土加以強固，如圖示的右半圖形，以防灌澆時範片走位，導致失敗，然後就可把銅液自澆口灌入了。等到銅液完全冷卻，就可以把外面的泥土和繩子割開而取出裡頭的銅鑄件。

這種複雜費時的範鑄法是中國早期鑄器的唯一方

法。甚至連零件和修補也用同樣的方法，這是中國冶鑄的特色，由於需要多塊泥範套合，故稱之為塊範鑄造法。西洋雖也使用塊範法，但主要是使用失蠟法，以及鉚釘、熔焊、錫焊等加工。方式與中國非常不同，所以很多學者認為它們強烈反映各自獨立的創發性。

所謂失蠟法，就是先用蠟一類遇熱會融化的東西塑造欲鑄的器形，然後用陶土包覆起來，留下一個出口。燒烤後蠟溶解掉，就留下可以把銅液灌入的空隙。灌入後等至冷卻，就可以把外邊的陶土剝掉，得到欲鑄的器物了。這種鑄造法，沒有型範套合的問題，複雜的器型比較容易設計，鑄出來的器物也因沒有隙縫而比較完美。中國要到春秋中期才使用失臘法鑄器，但也不是主要的鑄器方法。由於中國對塊範法的執著，連碰到高溫才能熔化的鐵，也想盡辦法提高煉爐溫度熔化鐵汁以鑄器，故比西洋發展生鐵早一千五百年以上。中國用笨拙的方式卻能鑄造出不輸失臘法的複雜而精美的銅器，其巧思相當值得我們欽佩。以失臘法鑄造的都是個別造型，故每一件都不同。但塊範法，如果用比青銅熔點更高的東西作範，如鐵，就可以用同一組的範無限制翻鑄，減輕成本。很多農具就是用這種方法鑄造的。

圖 1-3 這件是鑄造銅鐘的多片泥範中，屬於舞部的完整陶範。鑄完器後型範要被破壞才能取出其中的銅器，這件泥範卻完整無損，一定是還未被使用以鑄器的範，這在遺址中是非常罕

見的。此範的紋飾可看出是隻一頭兩身的動物，腳爪各抓著一隻身軀扭轉的蟲或蛇。戰國時代常見尾巴分歧的龍紋，看來它像是自兩隻面對面夔龍的饕餮紋（獸面紋）變化出來的。

圖 1-3
長 16.7～17.9 公分，山西侯馬東周鑄銅遺址出土，西元前五至四世紀。

圖 1-4
鏤空夔紋青銅尊與鑑，有一尊一盤，尊置於盤內。通高 41.6 公分，尊高 33.1 公分，口寬 25 公分，鑑高 24 公分，直徑 57.6 公分。兩器皆失蠟法鑄成，湖北隨縣曾侯乙墓出土。構形非常繁縟，尊體有四隻獸柱對接口沿與圈足。鑑口沿有四方耳，底下四龍形支腳。戰國早期，西元前四世紀。湖北省博物館藏。

第二章

煉銅工具與甲骨文「厚」字的關係？

金屬的發明使人類能製造更趁手、銳利的工具，大大提高生產力，從而改變社會的面貌，尤其是鐵的普遍使用，才能開啟今日高度發展的商業社會。

埃及在六千多年前已知加熱把紅銅從礦石中還原出來，然後用敲打的方法成形。先前中國由於考古資料少，曾經以為其鎔鑄技術學自西洋。但中國古代製作銅器偏好用泥範，與西洋主要用失臘法鑄造或敲打成形的特徵是非常不同的。

設計獨具巧思的熔銅坩鍋

圖 1-5
高 32 公分，口徑 22.8 公分，安陽出土，現藏中國歷史博物館。商晚期，西元前十四至十一世紀。

目前已有兩個距今六千多年於仰韶遺址發現的殘銅片，五千年前的馬家窯文化也發現青銅刀，到了四千年前的龍山晚期，就有很多遺址發現冶煉的遺物了。

商代把銅液灌進型範以鑄器的方式有兩種。一是煉爐流出的銅液直接注入地面上挖出的溝，溝中有燒紅的木炭保持銅液的熱度，讓銅液很快流進放置在坑中的型範。一是用坩鍋承受煉爐流出的銅液，搬運至坑旁，然後將坩鍋中的銅液灌澆到坑中的型範去。第一種方式一座煉爐一次只能灌澆一件器物，而且要保持溝中銅液暢通也不太容易。所以鑄銅遺址很少看到燒溝的痕跡，大都採用坩鍋灌澆的方法。

坩鍋的作用和一般陶容器沒有不同，只是坩鍋所盛裝，剛從煉爐流出的銅液是高溫及比重大的物質，故要製作的厚重才能耐火，防止破裂。目前發現的最早坩鍋殘片屬夏代。完整的首見於商代。最初並無專為熔銅設計的坩鍋或容器，只選取大口缸塗泥加厚以為應用，如河南鄭州發現有灰陶大口尊及紅陶大口缸，內壁都有燒流痕跡並黏附銅渣。

在積了相當的經驗後，才改良出大口尖底如圖 1-5 所示的專用熔銅坩鍋。商代的坩鍋，除去雜質，一個約容銅液十二．七公斤，加上本身的重量，總共超過二十公斤。為了讓笨重的鍋能更容易傾倒燙熱的銅液進入坑中的型範，因此設計成上重下輕的尖底形式，才能不費太多力就把坩鍋傾斜一邊，如為平底的型式就較難操作，這是古人的智慧。厚薄的厚字就是利用其形制創造的，**「厚」字的甲骨文及金文：**，作一個大口細底的容器依靠在某處之狀。下輕而細的東西難於自己站立，故要傾斜依靠它物。坩鍋的壁遠較一般容器的壁厚，從圖 1-6 的剖面圖，可知中部的器壁有多厚，故古人取之以表達厚度的概念。

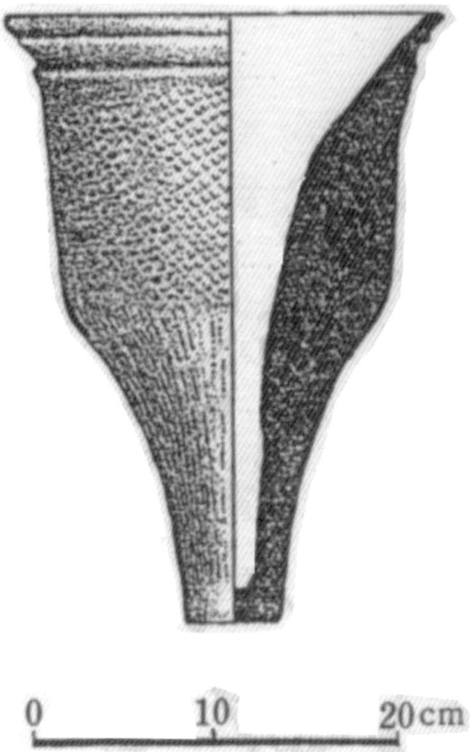

圖 1-6

從圖 1-6 可看出，在器腹上端有突出的一圈口沿。這道口沿的作用大致是讓兩個人用棍子一類的東西挾持著它搬運，才不至於滑掉。設計的重點是讓細長的獨腳站立地上以方便向一旁傾倒。從這個特點我們可推測，等待澆灌的型範應置於坑中而非地面上。因為如果型範置於地上，除了要把量重的坩鍋提離地面外，還要有第三個人勾起坩鍋的獨腳，才能將銅液注入型範中。不但增加人力，也增加協調的困難。

厚 hòu

＝

厚

作一個大口細底的容器依靠在某處之狀。

第三章

是民生用具，也是國之重器的鼎

鼎是形容有支腳的燒食器，不管其製作的材料是陶土、金屬或玉石。陶鼎早在七、八千年前就已在華北出現，是傳統兼為燒煮飯與菜的器具。四千多年前另外設計了支腳成空足的鬲來燒飯後，鼎就成為專門燒菜餚的器具了。鼎本是家家戶戶都得用的器具，沒有象徵階級的意義，但是到了青銅器時代，以銅鑄鼎，並作為祭祀鬼神的高貴禮器，鼎就成了貴族才有財力製作的東西，也成為權位的象徵。到了周代演變成一種隨葬制度，以鼎與簋（ㄍㄨㄟˇ）為品級的標準，國君是九鼎八簋，諸侯及大夫則依次為七鼎六簋、五鼎四簋、三鼎二簋。

鼎在古代還有政治上的作用。傳說夏禹治水有功，繼舜而為王。諸侯貢獻青銅鑄成九座大鼎以象徵當時所管轄的九州。這九座大鼎就成為國家的象徵，改朝換代時也由新領袖來保管。當它們被傳至周代時，《左傳》記載宣公三年楚莊王有意要取代周而為中國的盟主，就向王室官員王孫滿問該寶鼎的輕重，顯示其國力足以取代。到了漢代又造出傳言，說秦始皇在泗水打撈此批傳國的寶鼎，結果有龍出現咬斷拉曳的繩子，使撈得的鼎再度失去，以應秦國傳國不久的命運。

銅鼎尺寸和重量大小相差相當懸殊。迄今所見商代最大的銅鼎，高一百三十三公分，長一百一十公分，寬七十八公分而重八百七十五公斤。但小的才十公分高，重十幾克。這麼小的東西應當是非實用性的明器（冥器）。

當使用銅鑄鼎時，由於重量比陶製重得多，器表也滾燙，不便空手提起，就在口沿上鑄一雙對稱有孔洞的立耳，以便以竹、木的棍子穿過抬起。陶製的較輕，能輕易捧起，所以一般沒有提耳。如果要求新奇，也想捏製提耳時，因陶器質料較脆弱，不便設在口沿上，就安置在兩旁。有些較輕的鼎也採用此種型式以求變化。對稱的提耳大致作方形與圓形兩種。講究的鼎耳裝飾有複雜的圖紋或形狀，大部分商代的銅鼎都裝飾有動物形象的圖紋，或作側面的全身形，或作正視的顏面形。但是圖 1-7 這件鼎圓耳素面無飾，器身的主要部分是在細方迴紋的背景

圖 1-7
青銅鼎，高 33.9 公分，商代，西元前十三至十一世紀。

權威的象徵 鼎

上，施以寬邊的聯結己字紋。這是在後代較為多見，但在商代卻很罕見的形式。口緣下的頸部才飾以晚商典型的側身龍紋。陶鼎由於成形的方便多做圓形，銅鑄的倒是可以做成方形，故商代也有較少量的方鼎。陶鼎也有受此影響而塑造成方形的。總的來說，各種器類的方形數量較少，而且消失也較早。可能是方形器的角棱較易受碰觸而毀損吧。

早期的鼎都無蓋子，春秋之後附蓋子的銅鼎愈來愈多，這可能與

圖 1-8
婦好銘饕餮紋青銅扁足方鼎，高 42.4 公分，晚商，西元前十四至前十一世紀。

鼎兼為陳列之器有關，基於衛生與保溫的考量。同時有些小鼎帶蓋與流以盛醬醋，是考究美味的表現。鼎在漢代之後消失，大致是因這個時代大量架設立體灶，鼎的支足成為多餘，故又恢復八千年前的鍋子形狀。

第四章

家家戶戶的大事：「徹底把煮飯的鬲洗乾淨

鬲（ㄍㄜˊ），見圖 1-9 是自鼎分化出來的器形。鼎的足是實體的而鬲則為虛空，或器身的下部有幾個明顯膨脹凸出的區隔。鼎本來兼為燒煮黍飯與菜餚，到了距今四千多年前，可能是為了節省薪柴的考量，就把足做成虛空的袋足形式，足的部分也就可以受熱煮食。這種形式的容器比較適合穀類的食物。中國古代的菜蔬都是以羹湯的方式處理，蔬菜要加上肉、魚才會有味道，燒煮的時候要以匕匙時時攪拌，肉與菜才不會沉底而燒焦。如果器身的周圍不平順，攪拌的時候就會受到干擾，所以不便使用鬲狀的容器，而要用比較圓的鼎去煮。穀粒因為細小，沸騰而翻滾的水使穀粒不致沉底，故不必以匕匙攪拌。甚至最後還要撤去柴火，覆蓋東西使悶

專門用來煮飯的鬲

圖 1-9
高 16.7 公分，口徑 13.3 公分，河南鄭州出土。商代中期，約西元前十四至十三世紀。

上一段時間，才會熟透好吃。煮飯是家家戶戶的日常活動，故遺址出土的數量非常多。在尺寸方面，鬲與鼎有點不同。鼎的大小相差頗懸殊，但鬲的容量差別卻不大。可能飯煮太大鍋時不易熟透，而羹湯則沒有這種顧慮，只要時間夠久就行了。也或者一般家庭的飯較有定量。

銅在商代是貴重的材料。以之鑄造燒飯的鬲大概是為了祭祀的需求。商代的人信鬼神，得到鬼神的保佑才能諸事順利、生活無憂。比較不清楚的是，是祭祀的時候在現場以銅鬲煮飯呢？或是以銅鬲煮了飯再移到另外的容器上祭。圖 1-9 這件銅鬲膨脹的器身上裝飾了兩條斜交的弦紋，頸部飾有一周小圓圈邊框的陽起饕餮紋。口沿平而外伸，設一對圓邊的立耳。是此期典型的形制。散聚不一的綠鏽，增添古意。

以鬲燒飯雖可節省薪柴的費用，但清洗就比較費事。**甲骨文的「盡」字：**，作一隻手拿著一把有毛的刷子在清洗一件器皿之狀，象徵用刷子就可以完全清洗乾淨了。但是清洗鬲時，用刷子就不很有效了，因為刷子伸不進虛空的鬲足。就算能夠伸進，也沒有辦法把飯挖出來。所以**甲骨文的「徹」字：**，以一隻指頭扭曲的手在一件三個袋足的鬲之旁，創意是要用彎曲的手指才能徹底把鬲裡頭的飯渣清洗乾淨。很可能鬲的消失，就和這個缺點有關。

四千多年前華北的文化區開始流行袋足的器物，其原因除了節省薪柴之外，實在想不出更好的理由。這種流行似乎到了商周之際起了變化。袋足的數量愈來愈少，袋足的高度也愈來愈短。就以鬲作例子，商代的鬲，不管是陶塑或銅鑄，腳裡的虛空處與器身的底總有相當的差距，這可能就是不便清洗的原因。入周以後，袋足裡的空間愈來愈淺，如圖 1-10，有的幾乎變成實足而與器底齊平，只有在器身顯出一點膨脹的區隔。如此一來，器形就介於鼎與鬲之間而有鬲鼎的名

圖 1-10
衛夫人（變形獸面紋）銅鬲。通高 10.6 公分，口徑 16.3 公分，南京市博物館藏。西周晚期，西元前九至八世紀。

稱。鬲在漢代之後消失的原因也和鼎一樣，立體豎灶的架構，使支足成為多餘，連帶三個膨脹的器身也無所作用了。

圖 1-11
弦紋青銅鬲，高 50.7 公分，有多次修補痕跡，中商，約西元前十六至前十四世紀。

圖 1-12
青銅鬲，高 18.2 公分，晚商，約西元前十四至前十一世紀。

盡 jìn = 盡

作一隻手拿著一把有毛的刷子在清洗一件器皿之狀，象徵用刷子就可以完全清洗乾淨了。

徹 chè = 徹

以一隻指頭扭曲的手在一件三個袋足的鬲之旁，創意是要用彎曲的手指才能徹底把鬲裡頭的飯渣清洗乾淨。

第五章

甲骨文中暗藏的刑法制度

圖1-13 這件器物的造型很特別，器身為深腹圓角方形，身下中空方形器座為燒柴火之處，正面有兩扇門，右扇門扉上有一個右腳受過刖刑的守門人形象，兩扇門上有栓可以開闔。這件容器的功能為燒煮食物是絕對沒有問題的。一般是下面有幾條支腳，圓的器三足，方的四足。足是實體的叫鼎，呈袋形的叫鬲。這件的器足部分是封閉的，故稱之為鬲。

這件銅器的裝飾主題反映了中國古代的刑法制度。**甲骨文的「刖」字：**，作一手持鋸鋸掉一人腳脛的樣子。商代的甲骨刻辭，曾有向一百人動用刖刑的卜問。《左傳》記齊景公時太多人受刖刑，以致在市場之中，鞋子賤而義足貴的反常現象。刖刑在周代是五刑之一。根據

永鎮器身的刖足守門人

圖 1-13
刖足鬲，高 13.5 公分，口長 11.2 公分，寬 9.2 公分，西周晚期，西元前九至八世紀。

《尚書・呂刑》，違犯刺墨之刑的有一千條文，割鼻之刑一千條，斷腳之刑五百條，去勢之刑三百條，死刑二百條。條文之繁縟，令人不寒而慄。其實，從文字的創意可知，五刑之外古代還有刺瞎眼睛之刑。**甲骨文的「臧」字：**，作一豎立的眼睛被戈刺割之狀。瞎了一隻眼睛的俘虜沒有太大的反抗能力，只好順從主人旨意。對主人來說，順從是奴隸的美德，故臧有臣僕和良善兩種意義。**「瞀」字：**，以眼睛與挖眼的工具表意，受刑後獨眼的視力較差，故意義是目無明也。**甲骨文的「民」字：**，則作一隻眼睛被針所刺瞎之狀。民的意義本是犯罪的人，後來才被轉之稱呼平民大眾。**周代金文的「童」字：**，作一隻眼睛被刺紋之刀所刺瞎，及一聲符「東」。不知是因刺瞎眼睛的辦法太過殘酷，還是另有其他的缺點，以後就廢止了。

人必須過團體的生活，才能與動物、植物爭奪自然的資源。於是期望大家都遵循一定的生活習慣和準則，違法的就要接受處罰，以確保社會安寧，不生糾紛。初時的懲罰可能只是剝奪參加某種活動的權力，和少許的肉體痛苦，很少想到要傷害身體，使犯錯者產生不能消失的肉體創傷。

隨著社會進步，組織擴大，法規也就愈加繁雜，規制愈嚴厲。尤其是生產的效率也提高了，有餘力以提供他人的需求。於是逐漸產生強迫他人從事生產，創造財富的念頭。人們就想出了像刖足這種永久性肉體創傷，可以不妨害工作太多，但又能減低反抗能力。對罪犯來說是種警戒與寬恕，若以之展示於公眾之前，又可收震懾之效。《漢書・刑法志》說：「禹承堯舜之後，自以德衰而制肉刑，湯武順而行之者，以俗薄於唐虞故也。」夏禹時代的龍山文化，墓葬就發現有受過截腳之刑的人，具體反映社會規制的加強。它說明國家的

圖 1-14
伯邦父青銅鬲，通高 12 公分，口 18.5 公分，周晚，西元前九至八世紀。

刖 yuè = **刖** 

作一手持鋸鋸掉一人腳脛的樣子。

臧 zāng = **臧** 

作一豎立的眼睛被戈刺割之狀。

眢 yuān = **眢** 

以眼睛與挖眼的工具表意，受刑後獨眼的視力較差，故意義是目無明也。

民 mín ＝ 民

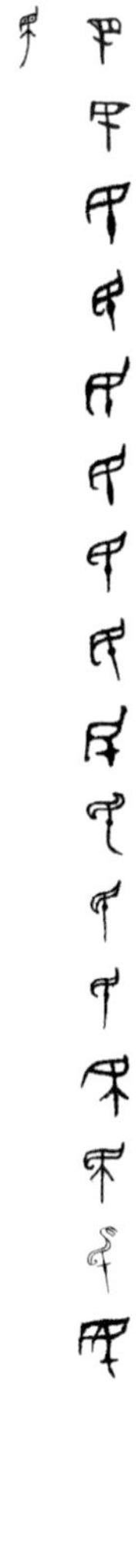

作一隻眼睛被針所刺瞎之狀。民的意義本是犯罪的人，後來才被轉以之稱呼平民大眾。

童 tóng ＝ 童

作一隻眼睛被刺紋之刀所刺瞎，及一聲符「東」。

第六章

記載了武王克商史實的簋

簋（ㄍㄨㄟˇ）是種圓形深腹圈足的盛食器，是各民族常見的器形。但是到了西周初期，在腹兩側加了耳，有時是四耳，耳下又再加上垂珥，就成為中國獨有的器形了。像圖 1-15 這一件，在圈足下又加了一個方座，更是西周早、中期特有的形制。商代的簋無蓋，常無耳。周代晚期就經常有蓋。

此簋腹部和方座都以雲雷紋為地，裝飾標準獸面紋或所謂的饕餮紋。眼睛、眉毛、鼻子、下巴都表現的很清楚，額前加飾小獸首。圈足也以雲雷紋為地，飾相對的夔龍紋。兩耳下有垂珥，上有獸首。器形並不十分特出，鑄造的質量似乎也不是非常精緻，但因其銘文涉及商周時

戰爭勝利的證明
利簋

圖 1-15
饕餮紋雙耳垂珥方座青銅利簋，通座高 28 公分，口徑 22 公分，陝西臨潼出土，陝西臨潼縣博物館藏。西周初，約西元前十一世紀。

代的大事，故非常著名。

在器內底部鑄有四行三十三字銘：

武王征商，唯甲子朝歲貞，克聞（昏）夙有商。辛未王在闌堆，賜右史利金，用作檀公寶尊彝。

圖 1-16

學者對於這件銘文「歲貞」的意義有不少異議。如果以之與商代的甲骨文刻辭比較，其意義當可了解。《甲骨文合集．二六〇九六號》作「丙午卜，出貞：歲卜有祟，亡延？」意思是，卜問一年運勢的結果是有災難的，不會延續下去是嗎？貞和卜的意義都是通過占問的手段求問一事的解答，歲貞即歲卜。因此銅器的銘文可以翻譯成：

武王征討商國時，於甲子日的早上占問一年的運勢，答案是早晚之間就可以擁有商國。辛未日武王來到闌堆，以銅料賞賜右史利，利用它鑄造紀念檀公的寶貴祭祀彝器。

《尚書．牧誓》記載周武王在甲子這一天的早上開始討伐商紂的行動。但是沒有其他更可靠的文獻能證實這個重要的日子。這一天的干支對很多歷史年代的推定有重大的影響，所以肯定這一天的日子是非常重要的。這件銅器敘述甲子日討伐商紂之後的第七天辛未，武王就到了闌堆並舉行慶功賞賜，大致以戰場獲得的銅器送給有功的利。戰國時候傳說，甲子日的當天就完全打敗商朝軍隊而結束戰事，看來可信度相當高，才會在如此短的時間內有行賞的動作。

這件銅器也補充了一些訊息。商代在進行戰爭的準備時，常會占問戰事是否會成功、向哪位祖先祈求保佑、派遣哪位將軍指揮、徵調多少人馬等事項。此篇談討伐商紂之大事，竟只寫占問吉凶一事，可見起碼周人在早期時，與商人同樣注重事前的占卜預示。也有可能就是利的職位太小，不足參與重要的決策，只獲悉最重要的短時間內克商的結論。西周的銅器雖多，能夠肯定鑄造年代的例子並不多。此器既可確定是距離周武王時代不久的作品，就可根據其器形、花紋、書體等特徵對有同樣特徵的銅器加以斷代，而斷代是從事進一步研究的基礎，故成為重要的文物。

圖 1-18
青銅簋，高 14.3 公分，口徑 15.5 公分，商晚期，約西元前十四至十一世紀。

圖 1-17
青銅簋，高 14.3 公分，口徑 20.7 公分，商晚期，約西元前十四至十一世紀。

圖 1-19
青銅簋，高 11.7 公分，口 16.9 公分，商晚期，約西元前十四至十一世紀。

圖 1-20
方座青銅簋，高 59 公分，口徑 43 公分，西周，約西元前十一至八世紀。陝西省扶風縣博物館藏。

圖 1-21
青銅簋，通高 20.3 公分，周早期，西元前十一至十世紀。

圖 1-22
青銅簋，通高 22.8 公分，口 20.3 公分，周早期，西元前十一至十世紀。

第七章

貴族應有的吃飯禮儀，就從「卿」字來展現

豆是中國古代進食用的器具名，基本造型是有高柄足的深腹圓盤。它是為了配合跪坐的習俗而設計的。豆在中國新石器的時代，比較是東方系的器物，起碼可以追溯到四千年前，以陶製為主，應該還有很多竹、木等材料，但都腐化不見了。到了商代，開始有以銅鑄，但是數量不多。

圖1-23這件銅豆，通體裝飾錯金的勾連幾何形花紋，而且打磨光亮，器內口沿則鑲嵌綠松石。在戰國時代，黃金和綠松石都是貴重的材料，應該是高級貴族才能享用的器物。豆起先無蓋，到了戰國，高級的銅豆就普遍有蓋。這個銅豆的蓋子可倒置而另成一件容器，鈕就成為

毋放飯、毋反魚肉、毋投與狗骨
蓋豆

圖 1-23
青銅蓋豆，高 23.5 公分，加拿大皇家安大略博物館藏。東周，約西元前 400～300 年。

圖 1-24
青銅豆，高 10.2 公分，口徑 19.8 公分，商晚期，西元前十四至十一世紀。

足。柄足的底部是平的，有些則為透空。有的還在器身近口沿處設兩個環耳以便提拿。

豆之為進食之器，不但文獻有徵，《詩經．小雅．賓之初筵》有「賓之初筵，左右秩秩。籩豆有楚，肴核維旅。酒既和旨，飲酒孔偕。」意思是賓客開始就席，左右揖拜很有秩序。籩豆很鮮明，菜肴很豐盛。酒溫和而甘醇，飲的人都很盡興。食器只提及豆。戰國銅器上的飲宴圖紋，也以豆表示進食。商代**甲骨文的「豆」字：**，作無蓋之豆形，不少字以之構形，如**「卿」字：**，就作兩人跪坐面對面隔著一件堆滿食物的豆進食之狀。那是貴族應有的飲食禮節，故用以表達卿士、饗宴、面向等意義。

貴族們非常重視禮節。這些貴族才用得起的錯金銀、鑲嵌綠松石銅豆，或刻鏤塗繪朱黑色的漆木豆，都配有蓋子。其主要的功用可能不在於保持食物的溫熱，而是與當時的飲食禮儀有關。先秦文獻談及宴會時有傲氣、不愉氣、失位、失坐、失態等等種種失禮的行為，用食時的儀態也相當講究。**甲骨文的「次」字：**，作一跪坐的人張口而有東西濺出口外之狀。《論語．鄉黨》有「食不語」之句。想來次字表現吃飯時說話，以致唾沫或飯屑噴出口外。這是不被嘉許的行為，故有次等的意義。

《禮記．曲禮上》提到毋放飯（打算入口的飯不要放回食器）、毋吒食（咀嚼時不要發出

圖 1-25
彩繪漆有把蓋豆，高 24.3 公分，湖北隨州曾侯乙墓，湖北省博物館藏戰國早期，西元前五至四世紀。

聲響）、毋嚙骨（不要啃骨頭）、毋反魚肉（吃過的魚肉不要放回去）、毋投與狗骨（不要把骨頭投給狗啃）、毋固獲（不要專吃某樣東西）、毋揚飯（不要挑起飯粒以散熱氣）、毋刺齒（進食時不要剔牙齒）、毋絮羹（不要自行調和羹的味道）等等很多飲食禮儀的守則。要做到毋放飯、毋反魚肉、毋投與狗骨，就要有容器暫時盛放吃剩的渣餘。豆的蓋子設計如容器的形式，很可能就是為了放渣餘用的。商代卿士雖然講求對坐進食的禮節，銅豆也不見有蓋子，想來還沒有講究到這種地步。

圖 1-26
髹漆蟠螭紋青銅蓋豆，高 41.5 公分，口徑 35.3 公分，腹圍 118 公分，約西元前 550 年，附耳有蓋豆，座上無鏤孔。河南博物院藏。

圖 1-27
鑲嵌黃金勾連紋青銅短足蓋豆，高 24 公分，口徑 16.2 公分，戰國，西元前 476～221 年。湖南省博物館藏。此豆分為上下兩部分。上部為器蓋，下部為豆，將豆蓋拿下後反置，則又自成一器。

圖1-28
錯金青銅蓋豆，高 19 公分，口徑 17 公分，戰國，西元前 476～221 年。山西省文物工作委員會藏。

圖 1-29
青銅豆，高 50.2 公分，腹徑 18 公分，底徑 14 公分，戰國早期，約西元前五世紀。

豆 dòu = 豆

作無蓋之豆形。

卿 qīng = 卿

就作兩人跪坐面對面隔著一件堆滿食物的豆進食之狀。

次 cì = 次

作一跪坐的人張口而有東西濺出口外之狀。《論語・鄉黨》有「食不語」之句。想來次字表現吃飯時說話，以致唾沫或飯屑噴出口外。這是不被嘉許的行為，故有次等的意義。

第八章

最誠懇的待客之道，請用觥洗手

圖1-30 這種有流而如舟形的容器，都帶有動物頭形的蓋子，其銘文從來沒有確切說明自身器名。起初學者以其器形與自名為匜的非常相近，故名之為匜。但之後可能因其銘文自稱為「尊彝」，認為可能是祭祀時的盛酒器，而不是盥洗器，在《經詩・周南・卷耳》有「我姑酌彼兕觥」之句，故現在學界就通稱之為觥。

這件有觥的典型形制，器口一端有斜伸的寬流，另一端為圈孔的把手，容器本體的剖面為橢圓形，下有圈足。別形或為直鋬＊，或無鋬，足或作方形，或支腳。此器蓋的前端作鹿頭形，其兩角作瓶形的肉莖狀，是長角已脫落後的形象，大致是古代中國廣大區域常見的梅氏

＊鋬：器物側邊供手提拿的部分。

是酒器？或是盛水器？鹿頭蓋青銅觥

圖 1-30
鹿頭蓋青銅觥，高 20.3 公分，長 26.5 公分，加拿大皇家安大略博物館藏。商代晚期，約西元前十三至十一世紀。

鹿。蓋子的後端有兩個高突的半圓形耳朵，推測其裝飾的形象是老虎。

觥的特點是器身密布花紋，這個觥也不例外，其器身的主要紋飾是一組非常罕見的花紋。獸面或饕餮紋是商代常見的紋，可以看成是由兩隻側面的動物組成。組成的動物以虎、牛最為常見，但此件卻以側身的象與梅氏鹿的耳朵和角莖構成。形構非常巧妙而有創意。以幾種動物的特殊形象來組合成另一虛擬的動物形象，可以說是觥形器的一大特色。

從形制看，觥有寬流，毫無疑問是為了傾倒液態東西而設，但可能是水而非一般所認為的酒。甲骨文有一個字，作一個有鋬的曲形容器傾倒液體進入另一個盤皿之狀：，此器或以雙手操作：。從字形看，明顯就是**「觥」的寫生**。銅觥經常重七、八公斤，不用雙手就難以操作，也符合字形作雙手的必要。商代不以盤皿飲酒，故傾倒進的應該是水。

商代酒器種類繁多，有流的爵與盉數量已非常多，而盤卻沒有與之相配使用的水器。中國在漢代以前，用手進食，並不以筷子，故吃飯之前最好先洗手。《儀禮・公食大夫禮》在安排宴客的器具時，「小臣具盤匜，在東堂下」，也要陳設盥洗的匜與盤。《禮記・內則》更敘述其操作為「進盥，少者舉盤，長者奉水，請沃盥，盥授巾。」年輕人雙手捧著盤，年長的人雙手持匜倒水，請客人洗手，然後又奉上手巾擦乾。這是最誠懇的待客之道。

圖 1-31
銅匜高 13.4 公分，口長寬 19.4x18.10 公分，盤高 12.8 公分，口徑 41.6 公分，戰國早期，約西元前五世紀。

出土文物也有盤與匜成套放置的，如圖 1-31 的戰國早期曾侯乙墓中的匜與盤。匜的銘文也有「為姜乘盤匜」的句子。顯然盤與匜配套使用由來已久。商代晚期銅盤的數量不少，不應沒有與之配套的盛水器。除了沒有蓋子，匜與觥器形相同。沒有蓋子並不影響倒水的動作，有蓋子反而是個累贅，很可能這就是後來匜都不鑄蓋子的主要原因。

或以為觥也使用於祭祀的場面，故不會是盥洗之器。這個理由恐怕不夠有力。鬼神是人所創造

圖 1-32
異形動物形青銅觥，通高 36 公分，長 46.5 公分，重 8.5 公斤，可能是牛首羊角的複合動物，而且身上飾有鳥翼、四腳，因有活蓋、流與把手，故不名尊。有司母辛三字銘，商晚期，西元前十四至前十一世紀。中國社會科學院考古研究所藏。

的，反映人世間的價值和習慣。人既然用手吃飯，飯前要洗手，鬼神應該也不例外。記得臺灣民間對於某些女性的神，如床頭娘娘、七夕娘娘等，除一般的食品外，還要陳放毛巾、水盆及胭脂等。可見盥洗之具也非絕不能出現於敬神的場合。戰國以後貴族逐漸不再施行沃盥的禮節，漢代又流行使用筷子，故配套使用的匜與盤就漸漸消失了。

圖1-33

龍形青銅觥，商，長43公分，寬13.4，山西石樓出土。

圖 1-34
青銅觥，高 23.5 公分，商晚期，西元前十四至十一世紀。

圖 1-35
青銅觥，高 14 公分，長 19 公分，商晚期，西元前十四至十一世紀。

圖 1-36
羊頭蓋青銅觥，旂觥，通高 28.7，長 36.5 公分，重 7.55 公斤，康王，約西元前十世紀。陝西省周原博物館藏。這是一件盛酒器。器、蓋各有銘文四十字，大意是：十九年五月中周王在斥，戊子這一天，王命令旂去向相侯傳達命令，賞賜給他土地、青銅和奴隸。

第九章

爲什麼甲骨文的動物字，都窄窄長長的？

圖1-37　此器的形狀，直口，外伸平沿，短頸、高肩、鼓腹、平底，器腹飾四環耳兩兩相對，蓋上也有同式的四環耳。它和另一種盛酒器壺的不同處，在壺的外鼓部分是身的下半，而缶（ㄈㄡˇ）則為上半。缶的基本器形同於罍（ㄌㄟˊ），但罍為早期的名稱，以缶命名酒器似乎是春秋以來才有的，但缶字已見於商代的甲骨文。此器造型古樸典雅，器表打磨得漆黑光亮，顯示鑄造工藝的精湛。

此器在頸至腹部有錯金的四十字銘文，為目前所知最早錯金銘的例子。譯成今文為：「正月季春，元日己丑，余畜孫書也，擇其吉金，以作鑄缶，以祭我皇祖，余以旂眉壽，欒書之子

特立獨行的書寫方向

欒書缶

圖 1-37
通高 48.8 公分，口徑 16.5 公分，中國歷史博物館藏。春秋中期，西元前七至六世紀。

孫萬葉是寶。」

由於此器是欒書所鑄，故習慣稱此為欒書缶。欒書在《春秋》又稱欒武子或欒伯，為晉之大夫，曾有伐鄭、敗齊、敗楚的功績，死於魯成公十八年（西元前五百七十三年）。

此器不尋常處在於其銘文的行列由左而右，有違自商代以來由右而左的常規。西洋的書寫習慣一般是先左右橫行，然後再由上而下。多數的人用右手書寫，西洋的書寫習慣是較合理的。中國之所以形成先上下而後由右而左的獨特書寫習慣，經過考察，應該可以說是因為受到中國古代書寫材料，也就是單行竹簡的影響。

商代雖然尚不見竹簡的出土，但《尚書・多士》有「惟殷先人，有典有冊」之句。典與冊都是用竹簡編成的書冊。**甲骨文的「冊」字：**，作許多根長短不齊的竹簡，用繩索編綴在一起而成為書冊的樣子。**「典」字：**，則用以表示重要的典籍，不是日常的紀錄，故表現出恭敬的以雙手捧著典冊的模樣。

竹子當書寫的材料，有價廉、易於製作，以及耐用等多種好處。寫字時，左手拿著竹片，右手持筆。寫完後以左手安放竹片，因習慣或方便便由右至左一一排列，故而成為中國特有的書寫習慣。因此，字的結構也自然往窄長的方向發展。字的組合也儘量以上下疊置的方式來避免橫向的舒展。以致連有寬長身子的動物，也不得不轉向，讓它們頭朝上，四足懸空，尾巴在底下成為窄長的形式，如**象**（）、**虎**（）、**馬**（）、**豕**（）、**犬**（）等字都是。

圖 1-38
青銅缶，高 41.5 公分。缶的時代都是東周，少紋飾。此與圖中壺、勺可能同墓，因地下條件，呈藍色，非常豔麗，與一般青銅器初鑄或受沁後的顏色很不同。推測為楚國文物，約西元前 550～400 年。

圖 1-39
青銅缶，高 38.5 公分，口 15.5 公分，春秋晚期，西元前六至五世紀。

圖 1-40
青銅罍，高 43.5 公分，口徑 18.6 公分，商晚期，西元前十四至十一世紀。罍形制較缶大。

冊 cè ＝ 冊

作許多根長短不齊的竹簡，用繩索編綴在一起而成為書冊的樣子。

典 diǎn ＝ 典

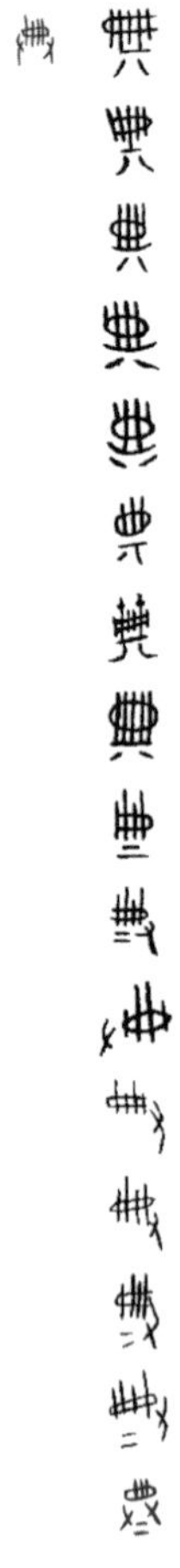

用以表示重要的典籍，不是日常的紀錄，故表現出恭敬的以雙手捧著典冊的模樣。

象 xiàng ＝ 象

動物名。

馬 mǎ

動物名。

= 馬

犬 quǎn

動物名。

= 犬

第十章 古裝劇中常出現的爵，到底該怎麼使用？

爵是我們稱呼圖 1-41 所示的這種特定形式的酒器名稱。**甲骨文「爵」的字形：**  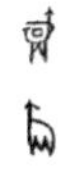，雖有多樣，但主要都在表現此種容器的幾個特徵：有流，流上有柱；空腹，腹旁有耳或把手，腹下有支腳。

爵的形狀很不規整，雖然新石器時代已見有流的陶器，但爵應該比較不會是模仿用轉輪成形的日常陶器形。換句話說，它能被廣泛使用比較可能是基於某種要先塑造模型的特別需要。爵的成形與鑄造，要比觚或尊等規整圓筒形的酒器困難得多。觚或尊的外範只要三塊就可以成形，而沒有柱的爵就需要八、九塊，有柱的還得再多加上兩片範。從鑄造技術的層次看，爵是

雀鳥之形的爵

圖 1-41
青銅爵，高 20.7 公分，河南偃師二里頭出土。商早期，西元前 1700～1500 年。

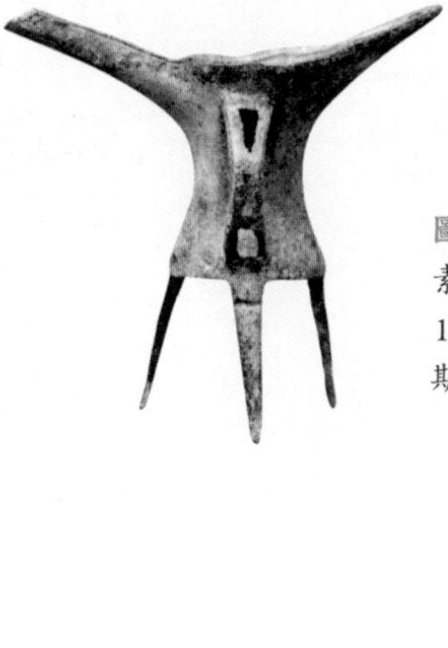

圖 1-42
素面平底無柱青銅爵，高 13.5 公分，流細而長 14.5 公分，重 0.75 公斤，二里頭出土，商早期，西元前 1700～1500 年。

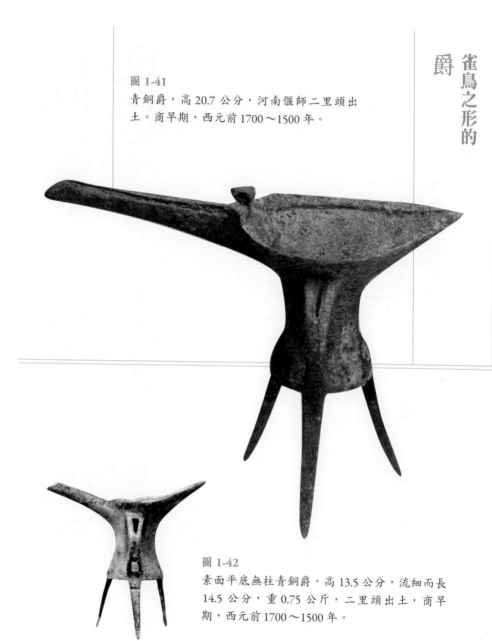

種複雜的器形，要求的技巧高，應是容器中較晚發展的器形。但是根據目前地下發掘的材料，爵可以說幾乎就是在能鑄造立體的容器之後，馬上就被鑄造的東西。

爵作為酒器的造形，有不少部位並沒有實用上的需要。像圖 1-41 這一件，流細而長。如果是為了要把酒倒進嘴裡而設計的，不太實用。因為長流不容易控制酒的流量，比起沒有流的觚（ㄍㄨ）、觶（ㄓˋ）等飲器，使用起來都要麻煩得多。為了與長流取得平衡，還要鑄成長尾的樣子，以致整個形象，上大下小，顯得不太順眼。所以到了晚商，就見不到這種不成比例的流與尾。從這種原始的爵形來推論，爵是為了把液體倒進另一容器，而不是為倒進嘴裏設計的。

流上的兩個立柱，好像也沒有實用上的必要，但卻會增加很多鑄造上的麻煩和費用，且也不方便安放蓋子，故有蓋子的爵可說不到百分之一。立柱是在出現了爵之後，就立刻出現的形式。很難解釋那只是裝飾，而沒有使用或鑄造上的要求。它很可能是當時人們基於某種信仰，特意鑄造出這種不見於其他任何文化的異常形狀。爵字的另一意義是雀鳥。雖可解釋為起於同音上的假借，但爵的形像確實像極了許慎《說文解字》所解釋的雀鳥之形。商朝有其始祖為吞玄鳥之卵而生的傳說，鳥圖騰是東方氏族的共同信仰，商也是發源於東方的氏族。它們之間應該有某些關聯。

從爵腹下有三個高支腳，並且在出土時不少爵的腹部下有煙炱痕，可以推知爵是溫酒器。而酒是商人祭祀最重要的物品，商人也喜歡飲酒，隨葬可以沒有食器，但不能沒有酒器。商代有出土青銅器的墓葬，爵與觚經常相伴出土。大概是以爵溫酒後再傾倒入觚中飲用。很可能銅爵受火燒烤後太燙熱，不便用手把它從火上移開，因此鑄成流上有兩立柱，以便用布提起。後來立柱被鑄成下平的半圓錐形，也許是為了便於用竹箸挾持。或有可能是為濾酒時不讓香茅移動而設的。不過，商爵鑄有立柱的真正原因，恐怕永遠是個不解的謎了。

爵 jué ＝ 爵

主要都在表現此種容器的幾個特徵：有流，流上有柱；空腹，腹旁有耳或把手，腹下有支腳。

第十一章 以「爵」位加之於人的含意

圖1-43表現出商代銅爵型態演變的三個過程，也表現鑄造技術的進步。圖中左邊，最小的一件，年代最早，屬商代早期。器身曲折而底平，器胎薄，器身在頸與腹部各裝飾一圈浮線的獸面紋，流上立柱作平底的扁圓錐狀。中間的一件，年代屬晚商，器身已不見曲折，形成延續的曲線。紋飾幾乎布滿全身，一圈圈的紋飾沒有分隔。紋飾的主題是獸面紋，通稱饕餮紋。長流下是一對面對面的蜿蜒蜷曲龍紋。立柱作平底的半圓錐狀。最右邊最高大的一件代表商代最遲的階段。器身雖也作延續的曲線，但有厚的鰭脊與線軸式的支柱。

在商代的墓葬，爵與觚配對，幾乎是禮儀所必需，故出土數可能上萬，其中不少是陶或鉛

銅爵的演變

爵的型制

圖 1-43
最高 25.7 公分，現藏加拿大皇家安大略博物館。商代，西元前十六至十一世紀。

的製品。從發掘及傳世品來看，商代的爵都很小，依漢代的注釋，爵容一升，約今日的五分之一公升。早商的爵顯然還達不到這個容量。商代的酒，酒精度很低，爵的容量不足作為宴席中賓主盡歡的酒器。比較可能是為了禮儀的需要，只加溫或過濾少量的酒，以之傾倒入他人的酒杯，作為敬酒的方式。如要盡情的飲酒，就得使用觚或他種容器了。

爵字在商代已使用為

以爵位加於人的意義。大概以爵向人敬酒要具有一定的身分。加人以爵位時，大概也要以爵賜飲。爵是作為貴族必備的器具，故在商代的墓葬，較為豐盛者都有銅爵或陶爵隨葬。因此爵較之其他的銅器具有特殊的地位。如《左傳》莊公二十一年記載，「鄭伯之享王也，王以后之鞶鑒予之。虢公請器，王予之爵。鄭伯由是始惡於王。」顯然鑒（鏡子）在社會意義的價值上要較爵差，故鄭伯覺得顏面受損，心生怨恨，後來加以報復。

西周時，為了糾正商代耽酒風氣，墓葬漸重食器。但酒為祭祀和禮儀所不可少的，故西周早期也出了不少銅爵，但以後就幾乎不再鑄造了。然而先秦的文獻也提到以爵飲酒，如《詩經・小雅・賓之初筵》：「酌彼康爵，以奏爾時。」在一個西周遺址發現一個自銘為爵，但考古學者稱之為「瓚」的有長把的圓筒形銅器。因此我們可得知西周中期以後，不再鑄造商人名之為爵的酒器，但是它的名稱已被移用至其他形狀的行禮用酒器了。

西周禮儀用具的形狀大都承繼商代，雖然貴族受商文化的影響也使用銅爵，但使用不多，持續不久。而先周文化也不見民間使用廣見於商人墓葬的陶爵。應不是周代的爵改為木雕，以致腐朽於地下的緣故。也許是周的始祖為履大人之跡所生，沒有鳥的信仰，不必把酒器鑄成禮儀或信仰所需的複雜形狀，故改用形體合理且易於製作的筒形杯子。倒是戰國時楚墓有鳳鳥形漆杯的酒器出土，不知與商代的信仰是否有關係？宋代以後慕古之風興起，加以古代的銅器屢有出土，文人雅士方能使工匠依之以各種材料製作，以為擺設、觀賞、或禮儀行用。

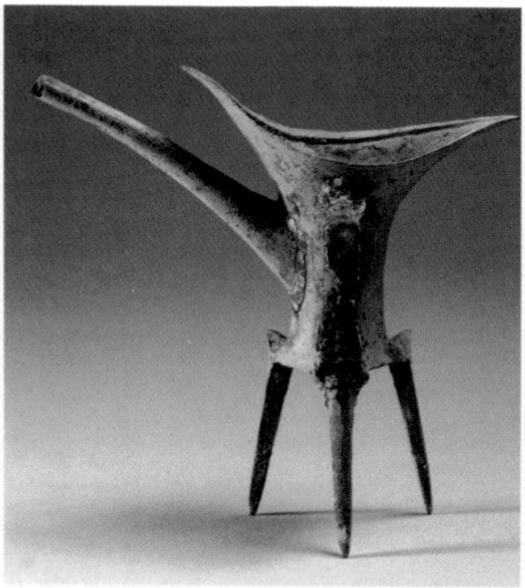

圖 1-44
青銅角，高 21 公分，口長 11.5 公分，夏晚期，西元前十八至十六世紀。

圖 1-46
有柄青銅爵，高 7 公分，通長 17.2 公分，周中晚，西元前十至八世紀。

圖 1-45
饕餮紋平底青銅爵，高 17.6 公分，早商，西元前 1600～1400 年。

第十二章

與濾酒的方法有關的「莤」字

圖1-47這件酒壺在壺身裝飾著五道環繞又密集的相互糾纏的龍紋。中間以凹下的環帶相隔。螭為龍之一種，這件的龍已被簡省成彎曲的窄條及逗點形，幾乎認不出其真相。這是從許多東周彝器上相互糾纏的虯龍紋高度省化的結果。它的變化從大塊清楚的龍紋開始，隨著時間的進行，龍的尺寸被縮小，形式也簡化成抽象化的程度。仔細檢驗其上的紋飾，可以發現有兩個單位間隔出現，而且區分顯明，明白表現是以方塊的動物獸面紋連續在泥範上壓印而成，朝銅器鑄造過程的快速化邁向一步。

圖1-47這件酒壺稱為令狐君嗣子銅壺，因為壺頸上有五十個字的銘文，說明鑄器的人是令

精心濾酒以獻神靈

圖 1-47
高 47.4 公分，加拿大皇家安大略博物館藏。
東周，西元前五世紀。

狐君嗣子。學界有以鑄器之人命名銅器的習慣。另有一件相同樣式而略小的銅壺，現藏中國歷史博物館，相傳都出土於河南洛陽附近金村的古墓。其銘文為：

唯十年四月吉日，命瓜君嗣子作鑄尊壺，柬柬獸獸，康樂我家。遲遲康叔，承受屯德，祈無疆至于萬億年，子之子，孫之孫，其永用之。

這段銘文的意思是希望他的家族能康樂，長官康叔能受厚德，共同持續至億萬年之久。命瓜應讀為令狐，地在今日山西南部的安澤附近。戰國初晉封其大夫於此，在西元前四〇三年以前，與洛陽金村同屬晉的領域。

這件銅壺和其他銅壺的不同處在於其蓋子，不但有六片向外伸出的透雕蓮瓣，而且蓋子的頂部是透空的。蓋子是為了防止酒的醇味逸失而設，如果是透空的，就失去其製作的意義了。同樣的設計也見於圖 1-48 的蓮鶴方壺，蓮瓣中間雖裝飾一隻立鶴，但它是可以拿掉的活動蓋子，意義與此透空的蓋子一樣，因此一定有其共同的特殊用途。

中國的酒是用穀物釀造的，含有渣滓，把滓濾掉才是比較高級的清酒。祭祀要用清酒，甚至是帶香味的，才夠表達虔敬的心情。《左傳》魯僖公四年記載管仲數說楚的罪狀，就有「爾貢苞茅不入，王祭不供，無以縮酒。」縮酒就是過濾酒，過濾時需要使用香茅，楚國疏忽職守，沒有進貢王室好的酒，故齊國要主持公道。

圖 1-48
蓮鶴方壺，高 118 公分，口徑 24.9×30.5 公分，春秋中期，約西元前六世紀。

甲骨文的「莤」（ㄙㄨㄟ）字：，作兩手拿一束草茅在一個酒壺之旁，充分說明使用香茅濾酒的創意。濾酒時先把草放在酒壺上然後倒上酒，酒就從草間滴入壺中，不但把渣滓濾下來，還可沾染香草的味道。如果沒有東西把草卡住，草就可能移動而有空隙，使得渣滓掉進壺中而影響酒的質量，故伸出的蓮瓣是為了把草卡住而設的，這就是為什麼壺蓋要透空以及有多個蓮

圖 1-49
裝酒彝器，壺。高 39 公分，商代，西元前十三至十一世紀。有六道紋帶銅壺的發掘品不多，大部分是五道或少些。所以它是晚商相當有代表性的銅壺。

圖 1-50
酒彝器，壺。青銅鑲嵌紅銅與綠松石。高 34.8 公分。東周，西元前五世紀。

瓣的道理。商代沒有這種形式的壺，但有濾酒的必要。到底使用什麼器物濾酒呢？口沿有兩個支柱的爵與斝，大家都猜不透支柱的用途，我懷疑其作用就像此壺的蓮瓣，設計的目的就在卡住濾酒的茅草。

莤 sù ＝ 莤

兩手拿一束草茅在一個酒壺之旁，充分說明使用香茅濾酒的創意。

第十三章

甲骨文的「享」字，來源於豪華建築？

圖1-51這種長方形的盛酒器叫方彝（一✓）。基本的形狀取自商代的一座高級建築物形。存世的也偶有兩座並聯的例子，如圖1-52。有些器內分隔成兩部分，有如兩個房間，可以分裝不同的液體。其尺寸頗不一致，小的連蓋子才十幾公分高，重一公斤多。大的高六、七十公分，重七十幾公斤。

方彝不像其他的青銅彝器源自新石器時代已有的陶器形制，是商代首見的，可能反映當時才有的建築成就。以圖1-51的這一件做例子，它有很濃厚的建築模型味道。器身四方，環周有八道脊棱，代表豎立的木柱子。梯形的蓋子代表四坡的檐頂。屋頂形的紐應是通氣孔上的遮蓋

反映商代建築風格
彝

圖 1-51
高 25.2 公分，加拿大皇家安大略博物館藏。商代，西元前十二至十一世紀。

圖 1-52
青銅偶方彝，高 60 公分，口長 88.2x17.5 公分，安陽婦好墓出土。商晚期，西元前十四至十一世紀。

裝置。中央有凹洞的短足則是表現夯土的平台基礎。

此方彝器身以方迴紋為背景，主題裝飾是中央的浮雕獸面或饕餮紋。其上以窄橫條隔開，作龍與鳥的合體紋。其下的夯土平台則是雙回首龍紋。器蓋上的饕餮紋看起來被倒放了，但卻不是個別的例子，可能與畫面的上窄下寬形狀有關，紋飾作鳥形時是正立的。

方彝提供商代建築的實例，證實**甲骨文的「享」字：**，作斜檐的建築物立在高出地面的土台上之狀，是真實的描寫。此字有享祀的意義，應是來自於它是一種祭祀鬼神的廟堂建築，而不是一般的家屋。祭祀在古代是國家最重要的施政大事，祭祀的場所也往往是施政的地方。當然會不惜工本，用最費工的夯築法修建。

三千年前商王國的主要活動區域是華北。華北冬季寒冷多風，一般住家採半地下穴式，有冬暖夏涼之效。夯土台基的建築是貴族才有辦法享有的。以下介紹商代權貴者所可能達到的豪華程度。

單座的基址殘跡有超過一千二百平方公尺的。台基是先挖土坑深約一公尺半，填以純淨的黃土再夯打，使堅實不透水。台基有時高出地面數公尺。為使木柱牢固而不下陷，木柱墊以石或銅礎以加強其支承力。柱間的牆以草泥合拌築成，或用夯築。遺存土牆有高達二公尺半者，想見其高敞。牆內外表層還敷以石灰使光滑，並可彩繪圖案。

甲骨文的「宣」字：，作屋子裡有回旋圖案的裝飾狀。商遺址發現不少多彩的雕漆木板，想來也應用於木柱、門框等處。到了漢代，「宣室」仍為天子居室的代名詞。陝西周原西周初期建築遺址有可以釘在土牆上以防雨淋的磚板，也許晚商也已有此種設施。地下埋有陶下水管以排泄雨水，還有以石板和卵石鋪成的石路以利行走。

屋頂結構雖頗為複雜，但只鋪蓋蘆葦一類的草泥，再加一層用細砂、石灰、黃土攪拌的三合土做面，以防雨水的侵蝕。甚至有房間超過十個，並有廡廊圍牆，自成院落，不受外界干擾的。其殿堂四面有數目不等的臺階。牆上設有圓或方形窗子以暢通空氣，引進光線。商墓發現的紅、黃、黑、白四色布幔，印證《墨子》所述：「紂為鹿台糟丘，酒池肉林，宮牆文畫，雕琢刻鏤，錦繡被堂，金玉珍幛」的描寫。

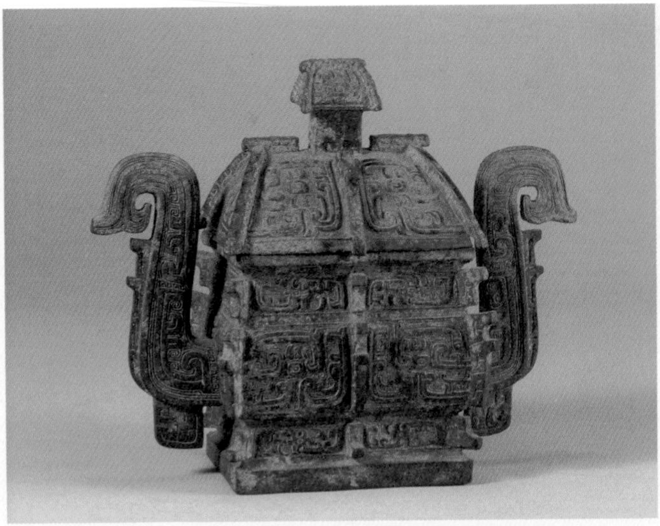

圖 1-53
青銅方彝，通高 16.4 公分，口 7.6x9.8 公分，周恭王，西元前十至九世紀。

圖 1-54
日己青銅方彝，通高 38.5 公分，口 17x20 公分，周中期，西元前十至九世紀。

享 xiǎng ＝ 享

斜檐的建築物立在高出地面的土台上之狀，是真實的描寫。

宣 xuān ＝ 宣

屋子裡有回旋圖案的裝飾狀。

第十四章

甲骨文「喪」字與採桑活動的關聯

存世與圖 1-55 同樣尺寸、形制、花紋的銅壺有數件，當是同時的作品。而圖 1-55 這件裝酒的銅壺值得特別介紹，是因為它展示了當時生活的很多生動畫面。春秋以前文物的裝飾圖案主要是與鬼神有關的動物，很少觸及一般人的生活動態，所以我們對古人的生活細節不了解。

這件銅壺的形制很平常，長頸、斜肩、鼓腹、圈足、有蓋。肩上有兩耳銜環，蓋上飾有三隻立雕的鴨子。蓋子與壺身都有用紅銅鑲嵌的圖紋。蓋子為站立採桑圖。壺身以寬帶分成四個裝飾區：最上的頸部有採桑、弋射、狩獵等生產活動，以及貴族競射的描寫。器身的上部有貴族在二層樓上饗宴及樓下樂舞伎表演歌舞。器身的中部則作軍士從事陸上與水上戰鬥的場景。

日常生活的寫照
採桑、弋射、飲宴、攻戰

圖 1-55
青銅圓壺，通高 39.9 公分，口徑 13.4 公分，底徑 14.2 公分，四川成都出土，現藏四川省博物館。約西元前 500～350 年。

下部則有神獸的圖紋。顯然它描寫貴族擁有田莊、徒眾、權勢，以及祈望能夠一道帶去來生享用的願望。它可以說是開漢代畫像石與壁畫的先河。

此處無法對每個圖紋做詳細的

圖 1-56
圖 1-55 的器蓋部分

圖 1-57
圖 1-55 器頸部分。

描述，只選頸部的採桑部分作解說，見圖 1-57。採桑紋的畫面是兩株高大的桑樹。左邊的樹，有一留長辮的婦女坐在最左的枝枒上，兩手在摘取前兩枝枒上的桑葉。樹下有一人作攀登狀。右邊的樹，一留長辮的婦女把中間的樹枝拉下並坐在其端部，雙手摘取枒上的桑葉，對面一位男士腰間佩劍，頭上戴帽，坐在最右的樹枝，也在摘取中間枝枒上的桑葉，他的籃子就懸吊在右樹枝下。此樹下有一戴帽男士左手提著籃子，想是籃子已裝滿，即將送去處理。兩樹之間有一對男女，女的腦後拖著長辮，頭上有某種的高起裝飾。男的戴帽佩劍坐在樹的根部上，左手牽著女的右手，右手似乎要碰觸女的頭部，不知與採桑有何關聯。

這幅圖讓人想起兩件事。一是**甲骨文的「喪」字有幾十種寫法：**。可以看出，儘管多樣，基本是表現出多枝枒的桑樹間有一至五個不等的籃子狀。觀察

銅壺上的這幅圖就能明瞭「喪」字的字形是以採桑的作業創造的。桑葉是蠶的食料，蠶所吐的絲是重要的經濟產品，也是貴族的喜好。桑葉的栽培是發展絲織業的基本條件之一，不能不對此種材料有專用的語言文字。但是桑樹的外觀和很多樹木是難分別的，人們就想到了採桑的作業和其他的樹都不同，就以之創造桑樹的意義，並假借以表達喪亡的意思。

另一是歷史事件。《左傳》記魯僖公廿三年（西元前六百三十七年）記載晉公子重耳亡命於齊，與舅父密謀逃回晉國以爭取繼承權時，「謀桑下，蠶妾在上，以告姜氏。」明白道出蠶妾爬在樹上採桑而聽到密謀的景況。從這幅圖，似乎採桑作業還不限女性，也有使用男士的時候。不過也許，這位佩劍的男士是在跟採桑女偷偷的談戀愛呢。

圖 1-58

鑲嵌紅銅水陸攻戰弋獵採桑宴樂紋青銅圓壺，高 36.6 公分，約西元前 500～350 年。

圖 1-59
錯金銀青銅圓壺，通高 24 公分，口徑 12.8 公分，腹徑 22.2 公分，足徑 13.8 公分。主人陳璋，齊伐燕之記念。約西元前四世紀。南京博物館藏。

圖 1-60
鳥蓋瓠瓜形青銅圓壺，高 37.5 公分，戰國，西元前 476～221 年。陝西省博物館。形如瓠子，蓋為鳥形，而得其名。是與祀天有關的禮器。

喪 sàng = 喪

表現出多枝枒的桑樹間有一至五個不等的籃子狀。以採桑的作業形象創造的字，並假借以表達喪亡的意思。

第十五章

有「溫度」的甲骨字

圖1-61　這件銅器，學界名之為虢季子白盤，因為鑄造的主人叫虢季子白，而且銘文自稱為寶盤。盤或寫作般、鎜，《說文》的小篆則作從木般聲的槃，表示也有以木頭製作的。盤的主要功能為盥洗。盥洗手臉是天天都做的事，所以自商代起銅盤就是常見之器，而且常與匜配套使用。《禮記・內則》有「進盥，少者奉槃，長者奉水，請沃盥，盥卒，授巾。」匜用以倒水，槃則承受倒出來的水。

盤的器形以圓腹而圈足者最為常見，此形與盛飯食的簋、皿，盛水的盂，都很相近，其主要的分別是盤為盥洗的器具。在日常生活中，盥洗手與顏面的機會最多，偶而才澡身或泡澡。

沐浴淨身

圖 1-61
通高 39.5 公分，口 137.2x86.5 公分，寶雞出土。周宣王，西元前 827～782 年。

用以盛裝洗手臉的水不必太多，但既然需要雙手捧著，也就不會太小，一般的尺寸，口的圓徑為三、四十公分，高為十幾公分。洗澡用的水雖然較多，可以多次倒水，也不需太大的盤子。但如要泡澡，就需要比身子還大的盤，尺寸就需要相當的大。**金文的「沐」字：**，作雙手傾盆倒水替他人沖洗之狀。有時下加一個盤皿（），為的就是留住倒下的水，大概就是要泡澡。要讓身子完全容納其中，容量就要大。圖 1-61 這一件的容量非常大，

圖 1-62
高 17.4 公分，口徑 33.1 公分，商晚期，西元前十四至十一世紀。

約如今日的浴缸，當是為泡澡而造。

絕大多數的盤為圓腹形，口沿或有立耳，腹旁或有附耳或提梁。腹下多作圈足，也有三足或四足、甚至無足者。早期的裝飾較少，後期比較繁雜，腹部飾有獸面銜環，甚至裝有滾動的輪子。有的有流有鋬，已成倒水之器，或應稱之為盤形匜。盤除自銘的盥盤、沫盤功能外，應該也有轉用為其他用途。自銘少盤的，可能為炒菜的盤。還有一件，如圖 1-62，盤身作假腹形，外觀雖與一般有深度的盤無別，但盤底卻非常淺，裝不了多少水。應該是陳放乾物的，可能還有意造成所裝之量甚多的錯覺。可想見，盤還可以轉用為其他用途，不限於裝水。

圖 1-61 這一件為較少見的四面橢圓形，在四個彎角處各有一個寬長的矮足。微為內斜的腹部四面各有二個獸首銜繩索狀的圓環，口沿下裝飾連續竊曲紋，再之下是主題的環帶

紋。從其碩大的形體及深度來判斷，它顯然是讓人在裡頭洗澡用的大浴盤，而且非常可能是為了泡溫水澡。

除了天然的溫泉，溫熱的水需要用柴薪，就會有所花費。為了省錢，就不能讓它輕易流失，故要容器大得能容納一個人。**甲骨文的「溫」字：**，作一個人站在盆子內洗澡之狀。可想見溫之意義來自泡澡水是溫熱的。否則有什麼辦法去表達水的溫度問題呢！

洗澡的用具應該是放在隱密處的。可是這個盤卻有八行，一百十一字的長銘文（圖1-63）。裡頭說的是虢季子白非常英勇，搏伐玁狁於洛之陽，砍了五百人的腦袋，活捉了五十個俘虜。它把戰利品獻給周王，受到王賞賜車馬兵器。其中，最重要的是一把授權可以征討蠻夷的斧鉞。這種鑄有豐功偉業銘文的銅器，一般不但要傳之子孫萬代，還要

圖 1-63
虢季子白盤的銘文

公開展示陳列，讓更多的人傳頌，收受榮耀。這件鑄有歌功頌德文字的浴盤，應該陳放在眾人可見之處，或有可能當時已有供應溫水的公共澡堂了。

圖 1-64
青銅盤，口徑 31.3 公分，高 11.2 公分，商中期，約西元前十五至十四世紀。

圖 1-65
牆銘青銅盤，口徑 47 公分，西周初期，約西元前十一世紀。

圖 1-66
三輪青銅盤，高 15.8 公分，口 26 公分，春秋晚期，西元前六至五世紀。

沫 mò ＝ 沫

作雙手傾盆倒水替他人沖洗之狀。有時下加一個盤皿，為的就是留住倒下的水，大概就是要泡澡。

溫 wēn ＝ 溫

一個人站在盆子內洗澡之狀。

第十六章

不得醬不食：古代的醬料瓶

圖1-67這一類器型形狀奇特，似鼎、有蓋、有流，尺寸不大，首見於西周時代。或稱之為異形鼎，或因像有流的匜而稱為匜鼎，或流鼎。有人以為它們不是實用器，這個推論不太周全。因為這一類的器型有些是錯金銀的，如圖1-68的戰國錯金銀銅匜鼎，隨葬的代用品不必如此費心製造。這件容器不但製作精美，設計也很精巧。蓋上的小獸，四肢直立，身軀微向前傾，頭偏一側，兩耳豎起，似在聆聽聲響，審思鄰近的動靜，顯得自然可愛。鼎前的流作耳朵豎立的虎頭形，與後方上捲的尾巴和獸蹄形短足，構成一隻立虎。如此費心，也不像是為節省隨葬費用而做的代用品。

講究的飲食生活

圖 1-67
高 6.5 公分，口徑 8.4 公分，現藏山西省博物館。春秋，西元前八至五世紀。山西侯馬出土。

圖 1-68
戰國錯金銀青銅匜鼎，高 11.4 公分，口徑 10.5，西元前五至三世紀。

此器的用途，可通過形制加以推論。早期的銅鼎無蓋、無流，因為鼎的主要功能是燒煮飯菜，煮菜需不時的攪拌，而且煮熟後就把鼎裡的菜餚移到另一個器物以便陳列及食用，因此不必有蓋。後來，大概鼎兼為盛食器，為了保溫，就配有蓋子。但是此類匜鼎的容量太小，應該不是為燒飯菜而製作。虎頭形的流無疑是為流出液體而設。那麼，它的功能大致是裝醬料一類的食品了，與漢代的染爐屬同類的用具。染爐約如今日的酒精爐，下為可加碳的小爐，上架一個有長柄、似勺的小容器。染的意思是沾染，因為古代的菜餚有些在燒煮的時候是不加任何佐料的，這種沒有味道的食品，像白切肉，最好是沾醬食用。如果肉是冷的，更需要沾溫醬。《禮記・曲禮》有「凡進食之禮，左肴右胾。食居人之左，羹居人之右。膾炙處外，醯醬處內，蔥渫處末，酒漿處右。以脯脩置者，左朐右末。」孔子在《論語・鄉黨》篇也說「不得醬不食」。各種不同味道的醬醋是很重要的佐食調味品，講究美食的人是不會忽略其製作的。盛醯醬不能沒有容器，這件匜鼎的三隻腳甚短，可能也不是為了添加薪碳而設，很可能只為讓器物安定，應如今日餐桌常見的醬油、辣油、酢醋等小罐、小瓶。

愈是富裕的社會對飲食的講求愈注重，著重的地方也愈來愈細膩。初時只要有食物就萬幸了，當食物的來源不虞匱乏之時，就開始講求材料的種類與品質，跟著就進一步講求烹飪的技

圖 1-69
曾侯乙青銅匜鼎，高 40.2 公分，口 50.2x44.4 公分，戰國早期，約西元前五世紀。

巧。至於器具，最先較可能是使用燒煮器皿，接著發展用食器具。進一步又會講究用食的氣氛，不但食物與用具都是最好的，還要環境幽雅，進食時也要心情輕鬆，有歌舞來助興。在商代，我們看到飲食的器皿多樣，各有用途，顯然已對用食有所講究，但比起戰國時代，還差得遠。戰國時代不但很多器具使用鎏金的裝飾增加明亮度，用食之器都加了蓋保溫兼衛生，樂舞助食的規模擴大而普及，連蔥蒜醬醋的佐味也成必要的擺設了。

第十七章 象牙的使用與象的滅絕

酒尊以動物形象造形的，習慣以該動物之名稱之，除此象尊外，先秦之前還有犀、牛、羊、虎、豕、駒、鴞、鳧等寫實，以及不能指稱的想像動物，製作都非常精妙。圖1-70這件象尊體態肥碩粗壯，長鼻上揚，兩耳外張，眼睛圓突，粗眉，眉上方有捲曲如羊角之裝飾，兩隻小門齒外露，腳粗如柱狀，尾巴下垂。在布滿方迴雷紋背景的身上，裝飾超過二十種虎、鳳、龍、虬等寫實或神異禽獸紋，數量與分布雖然繁雜，但並不刺眼。象腹中空，背有橢圓形孔，蓋於出土時已遺失，鼻端有孔與腹腔相通，充當流使用。

此尊應以實物取形。象生活於茂密叢林或熱帶稀樹的草原，商代之前的氣候較今日溫暖，

馴化的陸地巨獸

青銅象尊

圖 1-70
青銅象尊，高 22.8 公分，長 26.5 公分，重 2.57 公斤，湖南醴陵出土，湖南省博物館藏。商晚期，西元前十三至前十一世紀。

當時人們有充分的時間觀察牠的生態，做正確的描寫。**甲骨文的「象」字：**，是個象形字，清楚地描畫一種有長而彎曲鼻子的動物形。**「為」字：**，則作手牽著象的鼻子，有所作為之狀。創意大概來自象被馴服以搬運樹木、石頭一類重物的工作，說明商代的人們已能馴服和利用象工作。西周銅器《匡簋》有作象樂、象舞的銘文，反映更進而以之作為娛樂的節目。

象是現今陸地上最龐大的動物。其性格雖然溫順，但非洲象體重可達七千五百公斤，肩高三、四公尺。印度象雖體格較小，也重有五千公斤。當人們初次見到如此龐大的身軀，一定有相當大的戒心。動起加以馴化的腦筋必是相當遲晚的事。中國馴養牛、馬不超過五千年，象一定更遲。

象牙一直是中國人珍惜的藝術創作材料。浙江餘姚河姆渡一個距今六千多年前的遺址，已出土象的頭骨和有雙鳥朝陽的象牙雕，說明那時人們已加以捕獵，並器重象牙的雕刻價值。非洲的大象牙有二公尺長，四十五公斤重。象牙質地滑潤細緻，紋理規則，易受刀刻而不崩邊緣，可以雕刻出比玉、骨器更為精巧細密的藝術品。《韓非子・喻老篇》說：「宋人有為其君以象為楮葉者，三年而成，豐殺莖柯，毫芒繁澤，亂之楮葉之中，而不可別也。」象牙原有本身造形細長的限制，但巧匠能利用酸液加以軟化及應用套合的方式，製

圖 1-71
鳥紋象尊，高 24 公分，長 38 公分，陝西寶雞市博物館藏。西周中晚期，西元前十一至八世紀。

作大型而複雜的工藝品。《晉書》提到象牙細簟，乃是把象牙切絲，泡酸軟化後加以編綴。

商代時中國還有大量的象群。四川廣漢發掘了一個祭祀坑，發現大量的整隻象牙。但周代以後氣候轉冷，不再恢復過去有過的溫暖，象於是被迫南遷。加以象的食量相當大，每天消耗的草料超過二百公斤。而且至少要二十歲以後才能從事比較複雜的工作，工作效率遠低於牛、馬，故只留少量的象，作為帝王的玩物，或應付禮儀所需而被飼養。《漢書・武帝紀》記漢武帝接受南海貢獻的馴象，說明漢代時，除了有限的茂林，連江南都少見到象的活動，已瀕臨絕跡的地步了。圖 1-71 是西周中晚期時代的象尊，形狀已和實物有很大的距離。

爲 wéi ＝ 爲

手牽著象的鼻子，有所作為之狀。

第十八章

象徵公平公正的動物圖紋

尊是古代盛酒之器，造型有很多變化，如果作鳥獸形狀的就統稱為犧尊，個別的就以其取形的動物名稱稱之，所以圖 1-72 為犀尊。此尊以寫實成名，塑造出體型強健、神態勇猛的犀牛形象。犀的頭稍微上昂，鼻端有一長角，額前一短角，鼻孔張開，嘴巴似在吼叫，可能是屬於體格較小而性情凶暴的非洲產。厚實粗壯的頸部有多圈的皺摺，看來韌厚無比。四腿粗短，肌肉隆起，足下分蹄。前腿後有兩圈皺摺，皮膚粗糙無毛，但裝飾有錯金的流雲紋，金絲大都已脫掉。背上有可注入酒的橢圓形口，連接可開闔的活頁蓋子。這件銅器非但造型逼真，線條優美，銅質也非常細緻，堪稱是金屬冶鑄工藝的傑作。

不見其蹤的犀牛

圖 1-72
高 34.4 公分，長 57.8 公分，陝西興平出土，中國歷史博物館藏。西漢，西元前 206～西元 25 年。

犀牛縱生的角是毛髮硬化而成，故與其他動物成對的角大異其趣，人們也於文字強調其獨角的特徵。**商代以兕稱犀牛，字形為：**，代表頭上有隻大獨角的動物形。犀牛生活於溼熱的環境，主要分布在非洲中、南部，中南半島，南洋群島，印度大陸等地區。現今中國境內，可能除了雲南、廣西交界以外，其他地方的犀牛都已絕跡。但在距今七千到三千年的一段期間，氣候要較今日溫暖，犀牛曾經在中國很多地區生息繁殖。浙江餘姚河姆渡、河南淅川下王崗等六千多年前的遺址，都發現犀牛遺骨。說明中國那時有犀牛生存著。犀牛雖然皮堅甲厚，且嗅覺非常敏銳，不易接近；但人是聰明的，可以挖坑設陷，然後用縱火、驅趕等方式使陷入其中，或在地上架設木弩，靜待犀牛碰觸伏線而發箭射擊腹下脆弱部位。商代甲骨刻辭曾有一次捕獲四十隻的記載。

犀牛在中國滅絕的原因有幾個，西周之後氣候變冷，被逼南遷是其一。草原被闢為農田而失去食料來源，是其二。犀角具有清熱、解毒、止血、定驚的療效也為古人所知。但最主要的原因應是人們要獲得其堅韌的皮以縫製甲冑。在鋼鐵武器未充分使用前，兕鎧對於青銅武器的攻擊有很好的防禦效能，故《楚辭・國殤》有「操吳戈兮披犀甲」，以之為理想的戰鬥裝備。吳國曾經誇耀其衣犀甲之士有十萬三千人之多，可想見古人濫捕而加速其滅絕的程度。

漢代之後，大概一般人已難見其形象，就把牠與另一種同樣是大型的熱帶動物廌（豸）搞混了。廌（ㄓˋ）是一種羚羊類的動物，傳說解廌會助法官判案，**故古代的「法」字：**，以法律公平如水，廌以牴觸不直的罪人而去之以創意。後來負責判案的衙門就繪有解廌的形象，執法官的衣服也以解廌為圖案。解廌和犀牛都因氣候的原因南移，不見於中國。兩者的形象就互相

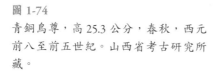

圖 1-73

青銅犀尊，高 24.5 公分，商後期，西元前十四至十一世紀，舊金山亞洲藝術博物館藏。鼻上、額前各一角，背有口，失蓋，素面無紋，內底銘二十七字，記商王帝辛征人方。

圖 1-74

青銅鳥尊，高 25.3 公分，春秋，西元前八至前五世紀。山西省考古研究所藏。

混淆，解廌也被描寫成有大而長獨角的犀牛，依據書本的描述造形，形象與原本大有出入。漢代一位判官的墓門，就畫有一對低頭欲前衝的廌。隨葬品中也有木頭或陶製的長角犀牛。

兕 sì ＝ 兕

犀牛。代表頭上有隻大獨角的動物形。見 P.726

法 fǎ ＝ 法

以法律公平如水，廌以牴觸不直的罪人而去之以創意。

第十九章
甲骨文「戈」字與武器的進化

競爭是自然界成員為了生存而不得不採取的手段，人類為了獲取食物，維持生存，必須與動物爭鬥。野獸雖有銳利的爪牙、強壯的身軀，但人類可以借助他物以防禦自己、攻擊野獸。所以在長久的鬥爭中，人類終於成為勝利者，使野獸失去反抗的能力。並且馴養了一些野生動物作為家畜，以備不時之需。但是，人類在征服其他的生物以後，也因為想搶奪有限的自然資源，而無法避免與自己的同類爭鬥。

人與野獸因為智力相差懸殊，不必創造太過精良的武器就可以解決牠們。任何有足夠重量、有稜角，足以造成殺傷力的工具，只要方便取得，都可以成為武器，不必為攻殺某種獸類

專為殺人而造的戈

圖 1-75
上：長 21.8 公分，寬 6.8 公分，商晚期，西元前十三至十一世紀。
中：長 22.8 公分，寬 9.4 公分，西周，西元前十一至九世紀。
下：長 30.4 公分，寬 12.2 公分，戰國，西元五至三世紀。

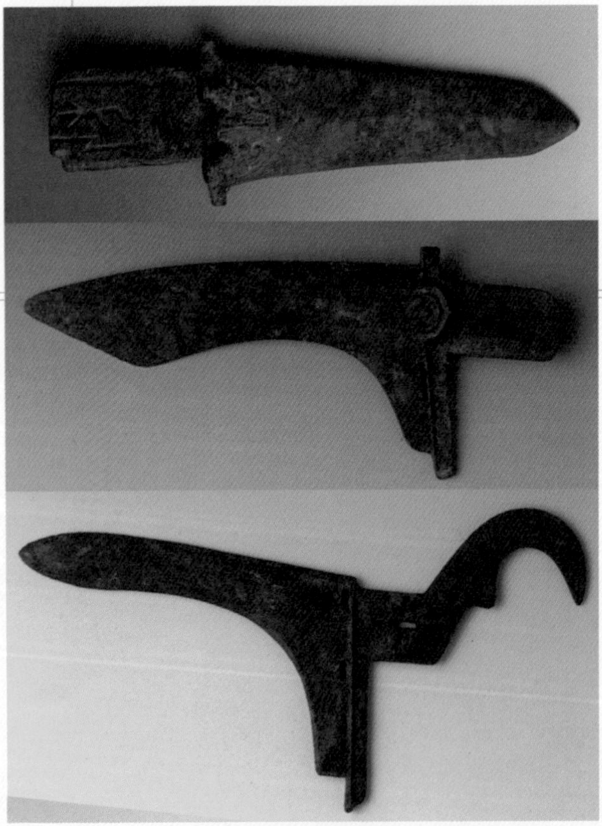

而特別設計。所以**甲骨文的「兵」字**：，就作雙手拿著長柄的斧斤工具狀。但是到了人與人爭的時代，日常工具無法適任理想的格鬥武器，因此就開始研究用最有效的材料，針對人體的弱點，專為殺人而設計的武器，才能達到預期的效果。

圖1-75所示的三件戈，基本器形一樣，都是裝在木柄上使用的。商代裝木柄的武器約可分成為二類：一是源自遠古傳統的工具，主要取自不同的石斧形狀。二是專為殺人設計的新形狀的戈。戈有細長的刃部，利用揮舞的力量，以刀尖砍劈人的頸部，或以銳利刃部拉割脆弱的頸部以達殺敵的目的。**甲骨文的「戈」字**：，即作一把裝在木柄上的細長刃武器形狀。

短木柄的戈大致有八十公分長，而車上使用的就得超過三公尺，秦俑坑中木柄最長的是三百八十二公分。戈可以說是一種利用銅材的堅韌、銳利特性而發展出來的武器，它不像斧鉞的攻擊依賴重量，是銅被普遍使用以前所未見過的形式。雖然商代也出現有石、玉製作的戈，但都很薄弱，而且製造的時代並不早於青銅戈，主要是作為代表權位的儀仗，不是實用的武器。我們可以肯定的說，銅戈是針對人類新設計的武器，是戰爭升級、國家興起的一種象徵。

為了能有更大的殺傷力，武器就要不斷加以改良。戈的形制可以分為三部分：傷人刃部的「援」，綁柄的「內」，以及中間凸出的「格」。圖1-75最上一件代表最早期戈的形制，只有下邊的刃銳利，可以劈勾敵人。中間的戈代表改良的形式，把刃部加長而彎到木柄的一邊成為「胡」，使刃部的長度、攻擊角度增加，以人的頸與肩部為攻擊的目標，用來對付保護頭部的頭盔。同時為了要增加銅戈纏繞於木柄的強度，就在戈的「胡」上鑄造穿孔，以便使繩索捆縛牢固，並把木柄做成橢圓形以方便手指的掌握。最下一件代表最晚的形式，「援」窄細以增加穿透力、「胡」更加長，以擴大攻擊的範圍，內鑄成鉤的形狀以備一擊不中時再度以銳利的「內」回勾。反觀源自工具的鉞、戚、斧等類，就沒有相應的變化，這反映了它們在各自的功能上實用與非實用的考量。

在商代，由於戈是兵士作戰的主要裝備，所以很多以戈為組成構件的字，意義就與作戰有關。如**伐字：**，作以戈砍擊一人頸部的形狀，**戒字：**，則作雙手緊握著戈以備戰的樣子。而以取形自他種用途的斧、鉞、戚、戊、戌、我、義等字或組合的字，就用以表達他種與戰鬥無關的意義。

圖 1-76
燕王職青銅戈，長 27 公分，高 13 公分，援 18 公分，內 9 公分，戰國晚期，約西元前三世紀。

圖 1-77
青銅鉤內戟，長 34 公分，寬 28 公分，戰國中期，約西元前四世紀。

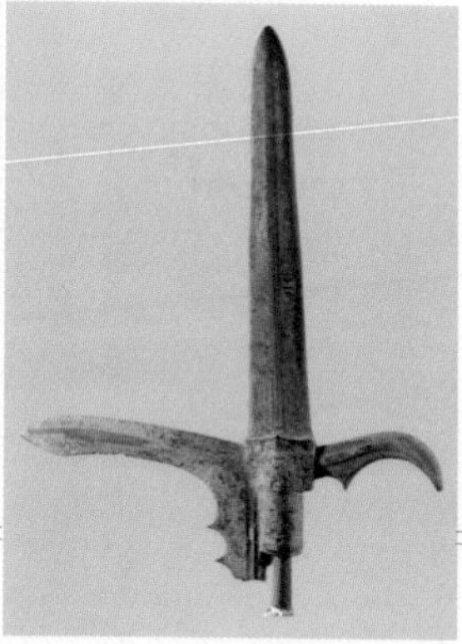

圖 1-78
三角援青銅戈，長 20.5 公分，商朝晚期，西元前十四至十一世紀。

圖 1-79
吳王夫差錯金銘青銅矛，長 29.5 公分，春秋，西元前八至五世紀。湖北省博物館藏。脊背有血槽，鋒部呈弧線三角形。

兵 bīng ＝ 兵

雙手拿著長柄的斧斤工具狀。

戈 gē ＝ 戈

一把裝在木柄上的細長刃武器形狀。

伐 fá ＝ 伐

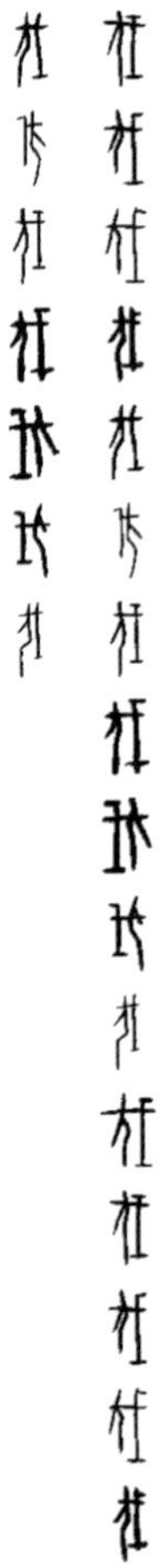

以戈砍擊一人頸部的形狀。

戒 jiè ＝ 戒

雙手緊握著戈以備戰的樣子。

第二十章

中國何時開始有鐵的使用

圖1-80這件樸素無紋，殘缺不全的器物，看起來一點也不像精心設計的貴重作品，但它其實是中國工藝史上很重要的一個里程碑。原因是這件器物殘缺的部分是由鐵所打造的。因為這件武器的援（砍人的部位）寬大，學者名之為鉞。鉞的一般型態，援的部分並非延續內（納柄的部位）的寬度，而是加寬如圖1-81所示，並且內與援之間沒有凸出的格。格是戈必有的型態。今暫隨俗也稱這件為鉞而非戈。

工藝史的里程碑
「鐵」的使用

圖 1-80
鐵刃銅鉞，殘長 8.7 公分，北京平谷出土，商代，西元前十六至前十一世紀。

圖 1-81
鑲嵌綠松石獸面紋青銅鉞，長 25 公分，寬 17 公分，商晚期，西元前十四至前十一世紀。

鉞內部的圓孔是為了捆縛木柄而設，這種形式的戈較少見。戈大都在援近格的地方有一個長方形小穿孔。後來援的刃往下延伸，增加砍擊的長度，也增加長方形穿孔的數量，好在綑縛於柄上時更為牢固。到了戰國時代，三個穿孔的戈戟就很常見了。在內部穿孔的設計可能是比較早時期的形式。

這件鉞有兩種鏽，一是一般的銅鏽，呈青色。另一種土鏽色，是銅器上非常少見的。經過詳細的科學鑑定，得知殘留物是隕鐵，裡頭含有少量鎳的成分，那是冶鍊的鐵所沒有的現象。學者一向認為中國要到春秋時代才知道有鐵。如果商代已經知道有鐵，則使用鐵的歷史就可以推前近一千年，所以意義非凡。

這件鐵刃銅鉞並不是一個孤證。在河北另一個商代中期遺址也發掘到一件鑲嵌鐵刃的銅兵器。可惜鐵刃的部分殘留太少，很難肯定到底是隕鐵還是熟鐵打造的。存世的還有西周銅兵套鑄鐵刃的報告。因此中國在距今三千多年前，已知鐵的性質應該是不容懷疑的。鐵的硬度、韌度較之銅優良得多，但材料有限，所以商代的工匠才用鐵打造最重要的刃部，再套鑄於銅兵器上，而不是全體都使用鐵去製造。

鐵容易氧化而鏽腐，如果長期埋藏於地下，經常會接觸溼氣而腐蝕的無影無蹤。因此很難從實物去證實人們何時知道鐵的性質。這幾件中國最早期的鐵器因為被套鑄在銅材之中，沒有完全氧化，用今日敏銳的科學儀器才能測知其存在的痕跡。如果整件兵器都是鐵所製作的，恐怕就會腐蝕的全無痕跡了。

人類早在好幾千年前已經從含鎳低的隕石知道鐵的性質。隕石來自天上，所以古代埃及或蘇美爾人就稱它為「天上來的銅」或「天上的金屬」。純鐵呈現銀白色，性質可以鍛打拉長。鐵還具有磁性。隕鐵罕見，早期視為貴金屬，多作為裝飾物。西元前二千九百年的埃及金字塔中曾發現鐵珠子。亞美尼亞人約於三千五百年前使用煉爐把礦石煉成熟鐵（或稱海綿鐵），再用鍛打的方法成形。

通過加熱，鐵與碳成分不同的合金，可造成不同性質的鋼，硬度與韌度都可以大大地超越青銅。鐵可以打造工具，改進工作的效率，提高生活水平。也可以打造武器，成為軍事的強國。一旦人們能夠把礦石熔煉成鐵，大量打造工具和武器，社會的層次才會進一步的提高，才算進入鐵器的時代。中國使用熟鐵的時代可能不早於西洋，但卻在春秋晚期，就發明以高溫熔化鐵汁的生鐵鑄造，早西洋一千年以上，加速了器物成形的時間。

第二十一章

埋藏兩千多年依然鋒芒如新的寶劍：優良的鍛打技術

文獻記載，吳越在春秋時代精於鑄造刀劍，圖1-82這把越王銅劍埋藏了兩千多年，出土的時候仍然光華亮麗，鋒利異常，真是名不虛傳。劍一般區分為劍身、劍格、劍把三部分。這把銅劍出土的時候插在漆木鞘內，劍把的圓莖是空心的，莖上沒有常見的二圈凸箍，有首與格。劍身在近格處有兩行八字銘文，以錯金鳥蟲書言：「越王鳩淺（勾踐）自乍用鑒（劍）」。劍格則是一面用藍色玻璃，一面用綠松石鑲嵌了美麗的圖紋。

黃金、玻璃、綠松石在春秋時代都是非常貴重的材料，甚至玻璃還不是本國的產品，而是

越王愛女的陪嫁品

圖 1-82
青銅劍，全長55.6公分，寬4.6公分，柄長8.4公分，湖北江陵出土，現藏湖北省博物館。春秋晚期，西元前六至五世紀。

遠從中亞進口的，可以想見這把劍極其珍貴。如此珍貴的越王劍如何會出現於江陵的楚國大臣的墳墓呢？根據研究，有可能它本是越王勾踐嫁女兒的陪嫁物，後來流落到了楚國。楚王以之賞賜給大臣，大臣死後乃以之隨葬。

隨著春秋時代鐵器的鍛鍊技術愈來愈熟練，因為鋼鐵遠較銅器堅韌而銳利，銅的兵器逐漸被鐵製的兵器所取代。尤其是短兵器，因要非常接近敵人才能達到傷敵的目的，所以短一分就多一分危險。銅劍如果要求長度增長，就要鑄得較為薄弱些才能單手使用，但薄弱易折斷；如果鑄得厚就太重而不便單手使用，所以一般長度不超過五十公分。鐵則由於韌度大，可以打造得超過一公尺長，稍遠離敵人而用砍劈的方式傷敵。因此銅劍就逐漸被長的鐵刀所取代，連長兵的戈戟也受到波及，東漢以後鐵刀就成為戰鬥的主要配備了。

既然鐵刀的效用遠超過銅劍，貴為國君理應使用最先進的產品。但是出土的諸侯君王，遲至漢代，竟然使用的大都是銅劍而非鐵刀，這是何原因呢？答案不外是君王佩劍只是備而不用，通常拿來指揮，並不適用於實際戰鬥。而鐵又會生鏽，如果不時時擦拭就會鏽蝕得不美觀。不過，圖 1-82 這一把劍的鑄造，比起同時代的一些銅劍，打造要用心得多。科學家用 X 熒光非真空分析技術進行研究，發現劍脊含銅量高而刃部含錫量高，是經二次澆鑄成形的複合金屬工藝。商代已不乏使用套鑄的二次澆鑄成形方式的例子，例如套鑄鐵刃的銅鉞，或套鑄提把的銅壺等，工藝精良。

青銅的銳利與韌度，與銅錫的合金比例有絕對的關係。當錫的成分占百分之十七到百分之二十時，青銅的質料最為堅韌、耐磨，適宜鑄造斧斤、戈戟等需要經常磨光的器物。《荀子・強國》有「刑範正，金錫美，工冶巧，火齊得，剖刑而莫邪已。」莫邪是古代的良劍名字。從

圖 1-83

青銅刀，通長 31 公分，寬頭 11.8 公分，底 8.5 公分，商晚期，西元前十四至十一世紀。

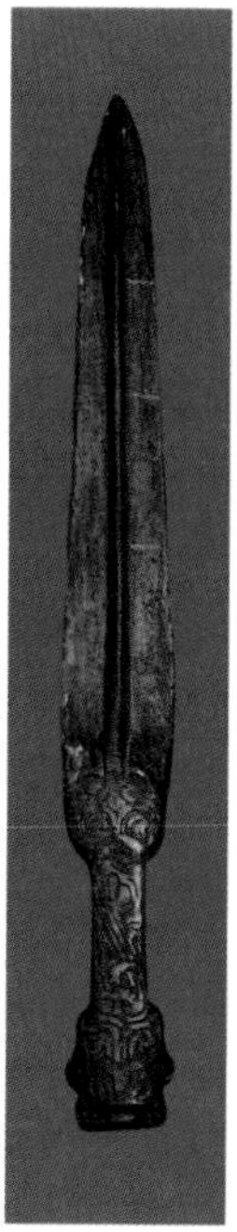

圖 1-84

虎頭青銅短劍，高 22 公分，寬 2.5 公分，春秋晚期，西元前六至五世紀。

上文可知銅劍本來是不加以錘擊的，但是受到鍛鍊鋼鐵技術的影響，有些銅兵也使用鍛打的方式提高硬度。根據實驗，硬度八十多的銅器經過鍛打以後，可提高到二百多的硬度。曾出土趙國的銅鈹，刃部光亮異常，和黯淡無光的商代銅戈比較，優劣立現。這把劍身上的暗黑色菱形幾何暗紋也經過鑑定為硫化銅，認為是一種新的防鏽工藝。其實可能只是精心鍛打多次的結果。

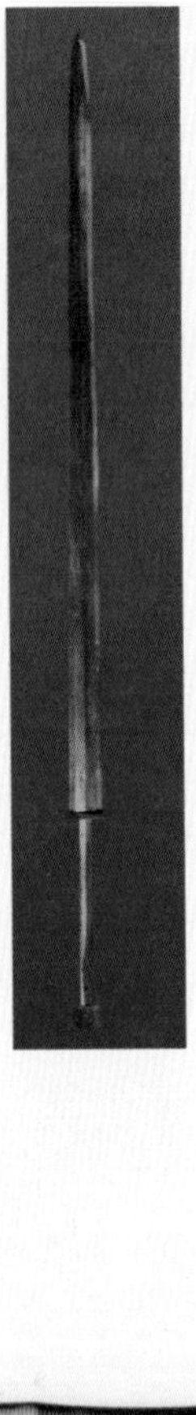

圖 1-85
青銅扁莖劍，長91.5，莖長19公分，臨潼兵馬俑坑出土，秦，西元前221～209年。陝西省秦俑博物館藏。指揮官使用，太長，不實用。如此長度，一般要鐵製的才能使用於戰鬥。

圖 1-86
吳王夫差青銅劍，長37公分，身長28.5，湖北襄陽出土，春秋晚期，西元前六至五世紀。

圖 1-87
越王者於青銅劍，長52.4公分，戰國早期。

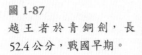

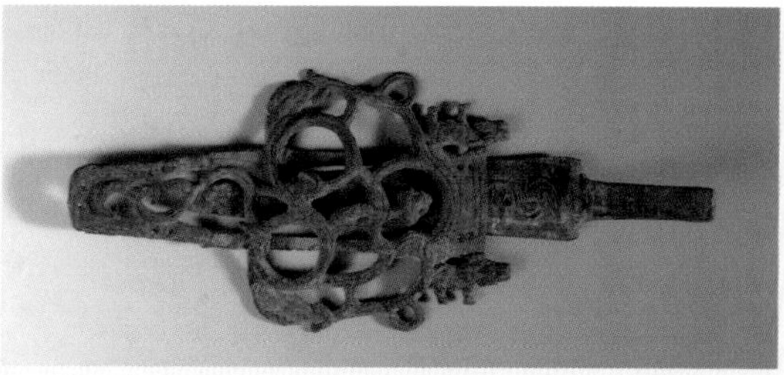

圖 1-88
鏤空蛇紋鞘青銅短劍，長 23.5 公分，鞘 18.4 公分，周早。

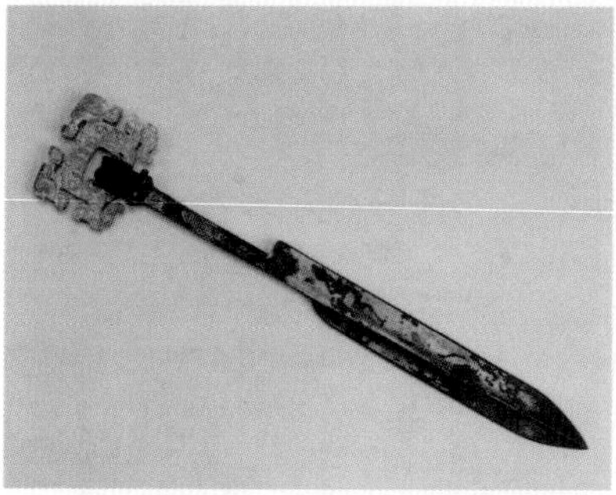

圖 1-89
玉首青銅匕首，通長 22.3 公分，匕寬 1.8 公分，戰國早期，約西元前五世紀。

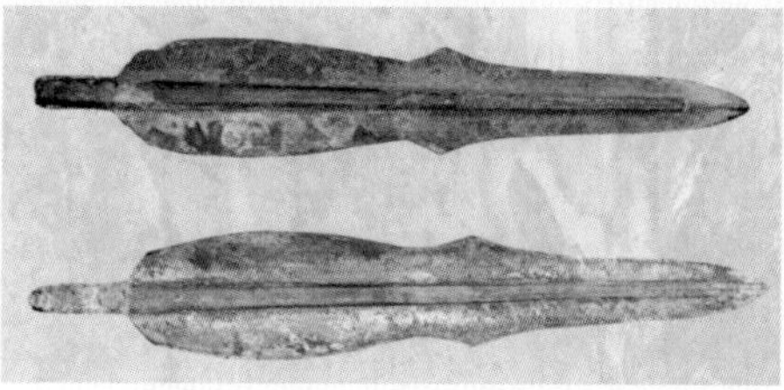

圖 1-90
曲刃青銅劍，長 35.5 公分，內蒙出土，夏家店上層，西元前 1000～500 年。

圖 1-91
青銅劍(匕首)鞘，高 23 公分，西漢，約西元前 200～50 年。從紋飾斷為滇國製品。

第二十二章 神祕的青銅弓形器在歷史上消失的原因

弓形器的形狀頗為一致，中央部分作窄而彎曲的長柄形狀，兩端有突出近半圓的臂，臂的兩端又常裝置可以發出聲響的馬頭或圓球鈴。長度一般為三十幾公分，但也有長至四十七公分的。圖1-93下方這一件嵌環綠松石圖案，長柄的彎度較小，屬於較早期的作品。上方這一件有迴方紋為底的浮起蟬紋裝飾。器柄的彎度較大也較短，是屬於較晚期的作品。

弓形器的用途目前還無法確實知道。在柄的兩端常見有皮條纏縛的痕跡，顯然是為了要非常穩固的組裝在某件器物上而設計。由於它有鈴，有人懷疑它是旗鈴或者馬鈴一類的東西，但也見過沒有鈴的。它常與馬車同出於一坑，所以有人以為是馬或馬車上的裝飾，但有些出土的

田獵必備 青銅弓形器

圖 1-92
三翼青銅鏃，通長 5～9.4 公分，約西元前 550 年，共有四式，前鋒尖銳，截面呈三角形，都有後鋒，後有連體的棍狀長鋌。河南博物院藏。

圖 1-93
青銅弓形器，最長 37.5 公分，加拿大皇家安大略博物館藏。商代晚期至西周早期，西元前十三至十一世紀。

時候又和馬車一點關係也沒有。弓形器常發現於腰際，所以或以為是一種腰帶，用以繫掛韁繩。但它又與箭鏃同出而柄裡面也常殘留朽木，所以也有人認為它是箭袋的裝飾物。

但是弓形器的握柄上有時鑄有突起的裝飾，不能用力把握。弓箭是攻殺敵人或野獸的工具，最好能讓敵人措手不及。但弦線一震動，鈴就會響。哪有以殺敵為目的的工具，竟然反而會警告對方的道理。所以又改為解說它是禮儀的用具，不必太講究實用上的效果。現在大多以為它即是文獻的弜或弼，是縛在弓裡以保持弓形並增強反彈力用的。至於它到底如何使用，以及為何西周初以後就消失了，還是問題。

木弩在很多氏族社會裡是主要的打獵工具，它能裝弦搭箭又不用立即發射，可以等待最好的時機。原始的木弩只比一般的弓多一個有槽的臂以裝設箭，並架設一枝懸刀以安設伏線。它可架設在地上，當野獸踩踏或觸碰繩索時，即牽動弓弦而射出箭，目標野獸的下腹，很可能就是為了獵殺表皮堅硬的犀牛而設計的。一個人可以同時架設多把木弩於不同的地點，靜待野獸的出現。當弦動鈴響即表示機關已發，獵人就可以及時檢驗是否有所捕獲，所以有鈴。至於柄上有不便手握的高突起裝飾，則是因為手不必緊握著它。這樣看來，弓形器比較可能是木弩的零件，作為固定弓、增強反彈力，並能發出聲響的裝置。

圖 1-94
三翼青銅鏃，通長 5～9.4 公分，約西元前 550 年。河南博物院藏。

圖 1-95
青銅鏃，長 5.8～9.1 公分，約西元前 550 年，有三角形刃鏃與三角形星芒的狹刃鏃，中間的脊長短不一。臺北歷史博物館藏。

何以西周早期以後就消失了呢？木弩是狩獵的工具，商王及其貴族們經常打獵，因此很多大墓陪葬這種弓形器。但是西周以後，提到周王或貴族田獵的文獻很少。西周時代王也少親自參與戰爭，所以以田獵練軍這種技巧的需要也不多。再加上開墾農田，大型田獵場地都不見了。既然田獵的活動大減，有關田獵工具的生產也必然大減。

原始弩機的木、角、骨質懸刀，到了戰國時代改良為銅鑄的扳機。為三件利用樞軸、杠桿和齒輪的原理組裝的有嚴密結構的機械。加上拉開弦線和瞄準的裝置，就成為射程遠、殺傷力強的武器，此時才被大量利用於戰場上。弩機既然主要以殺人為目的，就不必有鈴。這時角弓的製造也改進了，不需使用金屬版以強固弓體。就實用的層面說，重量也是一種累贅。因此弓形器就完全失去利用的價值了。

第二十三章 從「軛」的發明，看馬車的製作

圖1-96 這件銅軛由三部分組成，首像菇菌的形狀，其頸部飾蕉葉紋。筒體的身裝飾著張口的龍紋，兩腳作半管狀，上下各有大小兩個方形穿孔，以供穿繫繩索。它繫於車衡上，兩腳下端的穿孔繫穿繩索套住馬頸。出土時它斜立在馬的頸上，是用來把馬和車子連結起來，拉動車子前進的裝置。**西周金文的「軛」字：**，就是車軛（ㄜˋ）的形象。

車子是個革命性的發明。它能載重致遠，節省人力，具

拉動馬車前進的重要裝置

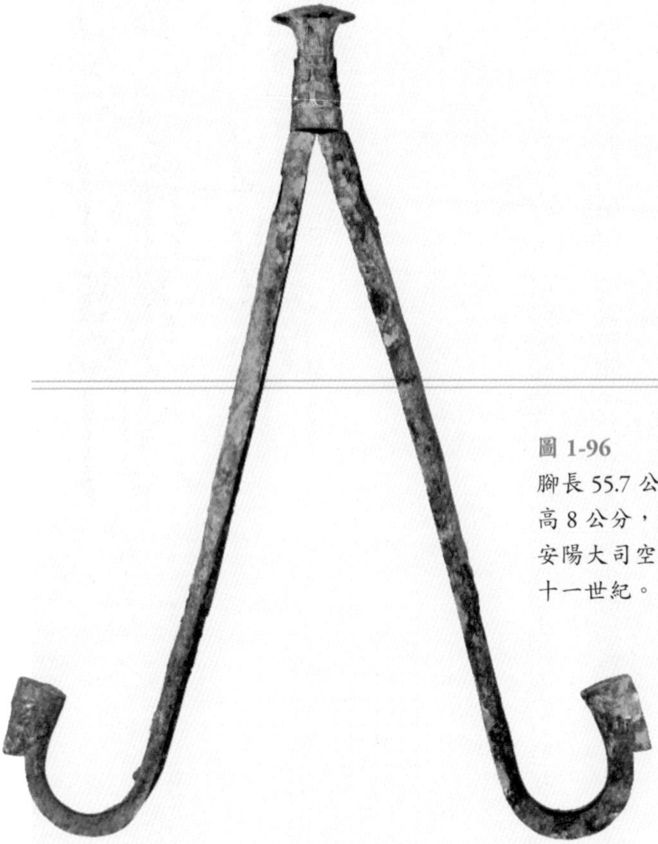

圖 1-96
腳長 55.7 公分，寬 5.7 公分，軏首像菇菌狀高 8 公分，上徑 7 公分，下徑 4 公分，河南安陽大司空村出土。商晚期，西元前十四至十一世紀。

有軍事上的重要價值，所以要用心製作。製作車子的要件，如下：

（一）堅牢：不致於半途損壞。

（二）輕巧：可以多載重。

（三）快速：早達到目的地。

（四）平衡：不致於翻車。

（五）舒適：久乘不疲乏。

（六）適合環境：可暢行無阻。

車子製造技巧要求高，費用高昂，不是一般人所能擁有。馬還要經過精選以及長期的訓練才能勝任，更是高級貴族才能擁有的財力。馬及馬車一直是有權勢者的寵物以及表徵，不一定要使用於軍事以及田獵的用途。以快速為目的的馬車，應該以輕巧為目標，盡量減輕車架的重量。但貴族們為了炫耀的目的，就加上很多不必要，或甚至是不利於急行的裝飾。有時一車所裝飾的各種式樣的銅飾件約有一百七十件，計十五公斤多。其實如果是為強固車子性能，則其所需的銅零件，可以不超過一公斤，可知裝飾繁重的車子，顯然炫耀的成分大於實用。

用兩匹馬拉曳車子的架構稱為一衡，其上有套馬的兩軛。一輈以連接衡與車輿。輿下有軸承接兩輪以運行。衡上可以鑲嵌或釘住銅泡、頁片等，兩端可以套上銅管，更講究的還有在銅件上繫種種垂飾。這些端飾件有時粗壯而長，且有尖刺，可能兼帶有傷敵的作用。軛的套頭有時附有鈴，鈴也可以裝在車衡上，車子走動時鏘鏘作響，增加威風。

輈的前部可以裝飾鑄成各種動物頭形的套筒，以增美感和發揮美學上的聯想效果。輈與輿交接處有兩種

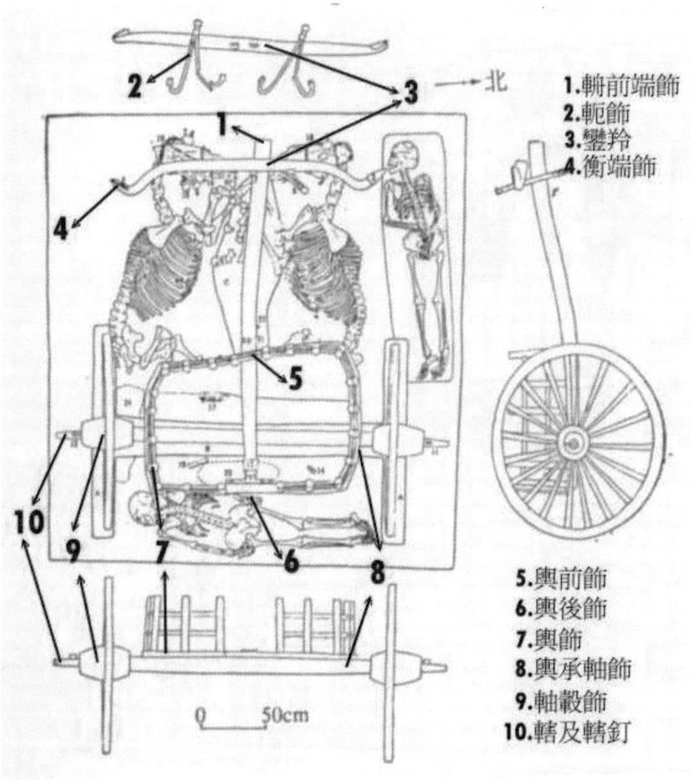

圖 1-97
河南安陽郭家莊商代車馬坑及其上的銅飾件。

裝飾，雖也有實用的效果，但非必要。在輿前面的有時鑄成十字形，有時只作穹形的橫版，可把有弧度的輈與輿盤牢固套接起來。在輿座後面的就套在輈的尾部，並有橫版及縛繩的圈以牢固輿盤。

為了減輕車子的重量，車輿主要是以木欄干的形式製作，或以蘆葦、藤等物編成。輿下的軸，其兩端必定有銅飾件，那是作為軸端的套頭並防止輪子脫逸的設計。其上有穿洞，以釘固住於軸上。這支釘經常鑄成美麗的形象。輿下兩旁又常有一平版連接一圓管的銅構件，那是防止車軸折斷並且固定輿座的裝置，也可能有減輕車子行動時震動的效果。車轂也有以銅管保護。

車子是種活動性的高台，易為眾人所注目，所以商周時代，馬車經常做為統帥的指揮台，建有大旗，更增加車子的重量。但真正以輕巧、機動為目的的實用車子就不必有這麼多裝飾。所以發掘的車子，有些只有防止車輪脫落及套馬頭的銅飾件。有的軛飾件還以骨製作，顯然是為了減輕重量而考量。

軛 è ＝ 軛 

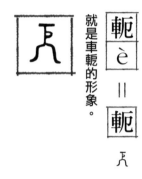

就是車軛的形象。

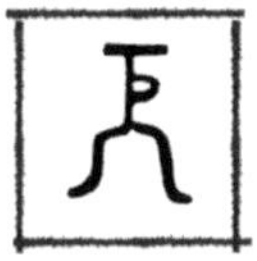

第二十四章

何時開始有金銀鑲嵌的技術？

圖1-98這一件銅車軸飾件關係著中國冶金技術的一個重要問題，中國何時才有鑲嵌金銀的銅器？青銅雖可因合金成分的差異，呈現出赤紅、赤黃、橙黃、淡黃、灰白等不同的顏色。但一次只能鑄造一種顏色，且難以鑄造圖案複雜且多彩繽紛的器物，無法滿足盡善盡美的追求，因此就有鑲嵌技術的發明。初期是利用別種顏色的材料，用粘合或錘打的方式，把花紋鑲嵌到銅器上。商代的銅器偶有鑲黏綠松石的例子，但少量的鑲嵌紅銅青銅器，都不是正式發掘品，難以肯定器物的真偽。因此不少人以為，中國金屬鑲嵌技術的發展不早於春秋時代。以目前考古的證據看，似乎要到春秋時代才常見到鑲嵌金或銀的器物。

銅鏽中隱藏的亮眼異色

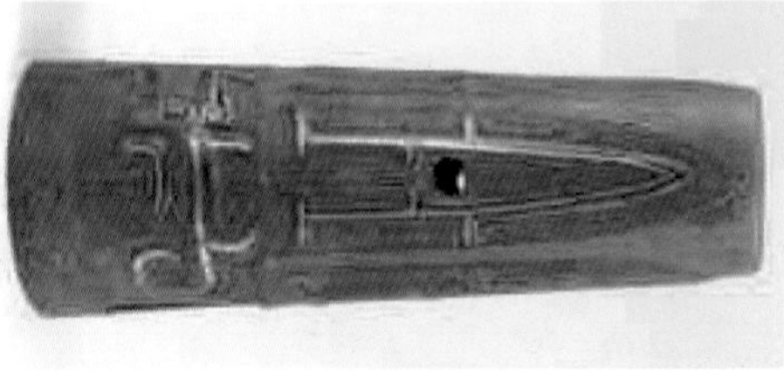

圖 1-98
長 15.8 公分，口徑 5.4 公分，加拿大安大略省博物館藏。商代晚期，西元前十四至十一世紀。

圖 1-99
鑲嵌金絲花紋的細部。

圖1-98這件銅車軸飾於一九二九年收入加拿大安大略省博物館館藏並編號。其裝飾的浮雕紋飾，口沿是一對隔釘孔相向的龍，其下又有四片蕉葉紋，終端是一造型較為簡單的蟠龍。去除厚厚的銅鏽以後，發現蕉葉與龍紋中有異色物，經過化驗知道金色是金，黑色是銀，都深及刻溝的底部。經過更加仔細的檢驗，銀的氧化現象沿著鑲嵌的花紋，且層層重疊，不可能是鑄造很久以後才加上的。

這件東西不像是後代所偽造。宋代至民初的收藏家只注重銅容器的收集，尤其是有銘文的。所以出版的青銅器圖錄，容器與兵器以外的東西寥寥無幾。那時也還不知道有車馬坑的存在，很多零件也不知它們的用途，一般人根本不知其形制。偽造這件車馬銅飾件以牟利的動機很小。如果要借重金銀絲鑲嵌賣得好

圖 1-100
銅車軸飾，長 15.5 公分、15.6 公分，徑 4.8 公分，大司空村出土，商晚期，西元前十四至十一世紀。

圖 1-101
獸頭青銅軸端，長 13.2 公分，轄長 10.5 公分，春秋早期，西元前八至七世紀。

價錢，也不應掩藏在層層的蝕鏽下，令人難以發覺。

一九三六年中央研究院在安陽發掘到殘缺的商代車馬坑，世人對於車馬的裝飾物才有一些認識。五十年代在安陽附近的大司空村，發掘到完整的車馬坑，方能證實很多零件的用途以及其在車上的位置。大司空村的車軸兩端發現了一對圓筒形的裝飾，除了尺寸稍小，其花紋的排列及形象都與這件幾乎一模一樣（見圖1-100），只是沒有在花紋中鑲嵌金銀絲而已。要將器物的形制和花紋，偽造的與幾十年後才初次從三千年前遺址出土的如此相似，可以肯定是不可能的。圖1-98這件軸端飾件證實中國至少自西元前十一世紀就有鑲嵌金銀絲的技術。可能由於材料缺乏，要等到南方產金銀的楚國加入華北的政治舞台，才能發展這種令人喜愛的工藝。

商代人既然已有鑲嵌礦石於銅器的經驗，理應也能鑲嵌金屬。但是商遺址雖然偶有金箔及金片出土，但還未見到有銀製器物的例子。銀是易於氧化而呈黑色的東西，也許少量銀製器物因過於銹蝕，以致像這一件一樣，早先忽略了其存在。如果將來能在商遺址發現銀，就比較可以肯定金銀鑲嵌技術的存在。

圖 1-102
嵌壤金與銀的青銅馬車飾件 最大直徑 10.5 公分 東周，西元前四至三世紀。

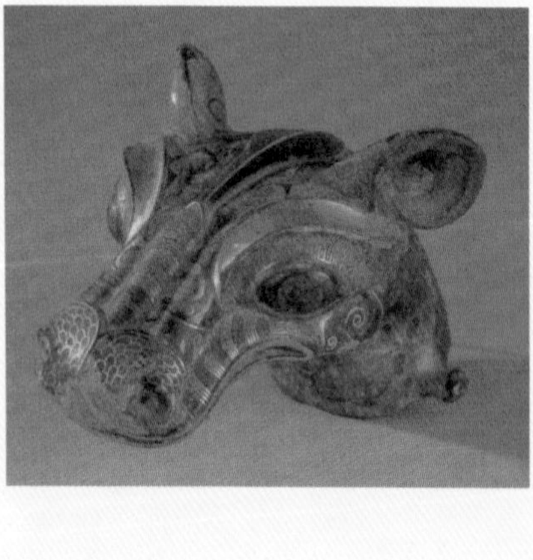

圖 1-103
錯金銀青銅軏飾，長 13.7 公分，高 8.8 公分，戰國中晚期，西元前四至三世紀，河南輝縣出土，中國歷史博物館藏。

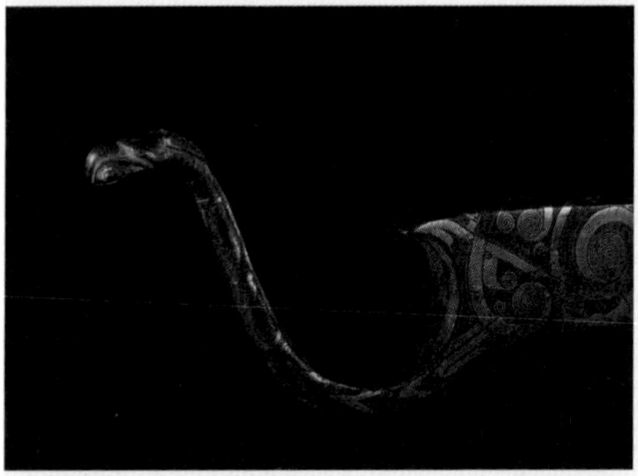

圖 1-104
錯銀青銅承弓器，長 21.5 公分，寬 6.1 公分，戰國中期，約西元前四世紀。

圖 1-105
銅四匹馬車模型，通長 317 公分，高 106 公分，臨潼秦陵，秦，西元前 221～206 年。陝西省博物館藏。按秦代皇帝馬車制此車當是秦始皇鑾駕之一的安車模型，人、馬、車的形製是實物的二分之一大小。

薰香自燒

貳、其他生活用具——其南笙鐘，薰香自燒

(一)甲骨文的「監」字是指看著什麼？
(二)從鏡子的花紋來判斷時尚潮流
(三)甲骨文的「南」字，來源於南方的鐘？
(四)中國鐘的特殊形狀和它的發音方式
(五)跨越春秋與宋，作為歷史見證之鐘
(六)頭頂火焰的人形：甲骨文「光」字的由來
(七)具消煙設計的精巧燈具
(八)「明」、「搜」、「幽」：從甲骨字形看古代照明用具之設計
(九)為什麼王族喜歡隨葬駱駝俑
(十)金文「熏」字與塑造仙鄉景象的博山爐
(十一)甲骨文「冓」字為什麼被當作交接聯繫的代表？
(十二)花俏美麗的帶鉤裝飾

第二章

甲骨文的「監」字是指看著什麼？

圖 2-1 這面鏡子鑄得不夠精美，鏡壁也很薄弱，厚度只有〇・二公分，背面的紋飾作多圈的放射紋，沒什麼美感。鏡周也沒有修磨得渾圓。看起來不像是高價位的產品，但它卻是出自隨葬有七百五十件精美玉器，四百六十件青銅器與六千八百枚海貝，商代赫赫有名的婦好五號墓。墓主不是沒有財力鑄造精美的銅鏡，而應看作是那時代還不重視鏡子的鑄造，故會以如此不精緻的產品隨葬。

梳妝的重要工具
銅鏡

圖 2-1
多圈放射紋青銅圓鏡，圓徑 11.8 公分，厚 0.2 公分，河南安陽婦好墓出土，商，約西元前十四至十一世紀。

鏡子是人們懂得裝飾自己以後經常要使用的東西。它是利用光線反射的原理來讓人們能見到自己的影像。靜止的水面也是可用的反射體，遠古的人們在河邊汲水捕魚時，相信就發現了這種現象而懂得加以利用。等到陶器發明後，就有人以水盆盛水，就近照容，不必出門去了。所以鏡子起先叫做「鑒」，其字的原形是監。**甲骨文的「監」字：**，就代表一個人彎腰向盆子裡觀看映像之狀。

以水盆照容雖是不需花費什麼的辦法，但其反映的效果並不很好，而且也不能隨身攜帶。所以在能鎔鑄金屬後不久，人們就嘗試鑄造銅鏡。按現在的考古證據顯示，中國於西元前兩千年的齊家文化就已有銅鏡，直徑為九公分，厚〇．一五公分，表面平滑，背部有圖案裝飾，且有鈕可穿繩持拿，與後世的形狀相同。銅在鑄治的初期是昂貴的材料，鏡子不是維生的必需品，故鑄造的數量非常少，戰國時代以來鐵兵器替代銅兵器，才有多餘的銅可鑄鏡，故存世非常多。大的要放在架子上使用，超小型的不到三公分，讓女士們隨身攜帶，隨時可以拿出來顧盼整妝。

鏡子是種近距離觀看的東西。鏡面平，則映像與物像同大。凹則映像比物大，凸鏡則相反，映像要比物形小。銅是質量重而價昂的物質，為了使用方便與省費，最好鑄得小些，即要鑄成凸面，才能在較小面積內把整個臉照進去。這種球面與映像之間的關係，從文獻可推測戰國時期的人已有所瞭解。但要到漢代，鏡面才普遍鑄成凸面，可知人們這時才普遍領會球面反射的原理。

監 jiān ＝ 監

一個人彎腰向盆子裡觀看映像之狀。

第二章 從鏡子的花紋來判斷時尚潮流

圖2-2 這件罕見的早期方鏡有兩層結構，以較小且磨光的一片嵌在較大，並有透雕裝飾的背面。這樣製作可能是為了鑄出讓磨光的一面含錫量較多而有較理想的白色反映效果。青銅的合金成分與其呈色和性能有一定的關係，若以含錫量較低的成分鑄紋飾，錫較高的成分鑄照顏的部分，再套合起來，這樣就可有灰白的表面而又堅牢耐用了。

這面鏡子的紋樣是兩對兩隻背對背，翅膀及回頭反顧而

繁複的鏡紋
美的具體形象

圖 2-2
青銅方鏡，高 9.1 公分，加拿大皇家安大略博物館藏。
東周時代，約西元前五世紀，相傳得自河南洛陽附近。

嘴相接觸的大鳥。也可看成是相對的回頭反顧大鳥，翅膀相會成古希臘豎琴的樣子。翅膀末稍交會下的三角形及兩鳥胸部下的樹葉形欄框都鑲嵌貴重的綠松石，雖有脫落，還可互補而補足原來的裝飾。最中間是動物頭形的穿鈕。鳥的身上及四周的框緣還裝飾精細的幾何形紋。東周時代，如此精美的方形鏡子實為難得。

圖 2-3
布紋底幾何龍紋青銅圓鏡，徑 15.3 公分，東周，約西元前 400～250 年。

圖 2-4
纏枝紋青銅圓鏡，徑 23.2 公分，秦至漢，約西元前 250～150 年。

有關鏡子的形狀，唐代以前除偶爾鑄成正方形外，其他都做成圓形。其原因不外幾個，或因源自水盆照容的傳統，水盆絕大多數是圓形，故因之鑄成圓形。或因人的臉是圓的，不必浪費材料鑄成方形。再者，就鑄造的工藝看，圓的鑄起來比較容易完美。沒有稜角也方便使用。但是人們總會厭煩一成不變的形狀，故唐代以來就有很多鑄成角稜或花瓣形，甚至是不規則異形的鏡子。鏡子本來都在背部鑄有一鈕，可穿繩持拿或懸掛在某物上，有些雖也有鏡架可放置以騰出雙手來化妝，但背面還是有鈕。大概唐、宋時代開始鑄成不必穿繩而可以持拿的長柄形狀。後來有柄鏡子成為主要的形式。至於其大小，小的不足三公分，可隨身攜帶。大的超過三十公分，就得置於架上使用，不過一般的直徑多為十幾公分。

愛美是人的天性，除鏡子的正面要擦磨得有如玻璃般的清楚光亮，背面中心有可穿繩索的鈕外，背面還要鑄上各種美麗的紋飾以取悅用者。各類繁簡不等的花紋，大致反映了時代的風尚，可以作為斷代的依據。戰國時代的鏡，與同時代的青銅禮器相似，以簡化的神異禽獸、幾何圖形和線條為多；漢代出現沿自日晷，兼可作六博棋盤的規矩紋，以及四靈、東王公、西王母、黃帝等與神道有關的形象和吉祥文句；六朝時經常鑄十二生肖的圖案；隋唐時代除反映佛、道教及傳統的鸞鳳、雲草等祥瑞圖案外，出現大量外來的新事物，如海獸、葡萄、獅子等圖案。唐以後以銅鏡陪葬的風氣似乎不盛，紋飾也不若以前的繁縟。除了照顏之外，最晚在漢代開始有銅鏡可避不祥的迷信，大概是認為它能使邪物不能隱形，妖邪要被迫迴避吧。

第三章

甲骨文的「南」字，來源於南方的鐘？

鐘是利用中空的器物以發聲的樂器，因製作材料、懸掛方式、尺寸大小、演奏目的等不同，就有多種名稱。圖 2-5 這件叫鐃（ㄋㄠˊ），命名的重點是體內沒有舌，演奏時口朝上。如果是小型，拿在手中演奏的，又依形狀，分別叫鉦鐃或句鑃（ㄉㄧㄠˋ）。

此鐃的形制，底下圓錐形中空的柄叫甬，在接近其上舞的部位呈瘤狀突出。作用是插入架子時卡住鐃體，甬上裝飾迴雷紋，瘤上有兩個乳釘，之間有脊棱，設計很像是銅器常見的獸面紋，或稱饕餮紋。舞部平整，從其他的部位空間都填滿迴雷紋來判斷，應該也有同樣的圖紋。鐃體像兩瓦片接合的中空狀，兩面的主題紋飾是以寬粗線條構成的浮雕，大致可看出是一幅顏

悠揚厚重的鐘聲

圖 2-5
通高 89 公分，銑間距 58.5 公分，鼓間距 40 公分，湖南寧鄉出土，湖南省博物館藏。商後期，西元前十四至十一世紀。

面，應是商代常見獸面紋的簡化。隧部是一對相向的夔龍，兩側則為相背的象紋。根據報告，此鐃紋飾較奇特的是口沿的內側各有兩隻臥虎。此鐃鐘重達一百五十四公斤，整體讓人有厚重雄偉的感覺。

這種鐃的器形和西周之後的甬鐘完全相同，看起來應是懸吊使用的。可是出土的時候不在墓葬，而是被埋在淺土坑中，大多單獨出現，口經常朝上。其主體紋飾的正確位置也是朝上，故學者大都認為朝上是其擺設時的確實方向。有的鐃重達二百公斤，若使用懸掛的方式，架子就要非常高大且堅固，恐怕不容易製造，故認為它是豎立土中，或直立架上使用。由於不是隨葬品，故認為是因祭祀山川或自然鬼神的禮儀需要而掩埋的。

商周時代這種大鐃都出現於長江以南，尤以湖南最多。**甲骨文的「南」字：**，作一個用繩索懸掛著的鐘形。為什麼選用樂鐘來代表南方？《儀禮》大射篇有「其南笙鐘，其南鎛，皆南陳」，故有人以為因鐘為南方所特有的樂器，或在大型演奏中，鐘樂被陳置於南邊之故。可是迄今為止，除了裝飾用或玩具的小銅鈴有可能是懸吊的，用於演樂或宣告的都是手持的。不但這樣，甲骨文還有一個貞人的名字作手持樂槌敲打懸掛的鐘形（）。樂槌所敲應是較大型的樂器而不是有舌的小鈴。從文字的現象看，商代應有懸掛式的鐘樂。令人不解為什麼要到西周時代才見懸吊的大型鐘。

商代懸吊式的大型演奏鐘應該就是這種大鐃。器物的形制都有其本身的器用與使用方便的要求。西周甬鐘的形式與鐃毫無分別，顯然是直接取形的結果。很少見到器物的功能變了，器形還會維持原樣，不做任何調整的。或許鐃本來是直立的，晚商時雖改為懸吊式，但紋飾仍保持傳統形式。銅鐃的聲音大而響亮，遠較其他樂器可以遠傳，具有對大眾宣示的效果，可應用於軍事或祭祀的樂奏，北方的貴族瞭解到這種優點，就加以採用。尤其後來更了解到鐘體與音調之間的關係，可以鑄造一系列不同的音調，演奏主旋律，因此就更加廣為鑄造了。

南 nán ＝ 南

用繩索懸掛著的鐘形。

第四章

中國鐘的特殊形狀和它的發音方式

圖2-6 這是一組形制相同，大小有序的十二件甬鐘最大的一件。為了能演奏成序列的音程才要做成不同的尺寸。鐘的本體都做成扁橢圓的形狀，依懸吊的形式又分柄狀的甬鐘及鈕形的鈕鐘。此長甬中空，上部比下部略為窄些。甬下舞部平整，舞下之鉦有錯金的銘文，其兩側各有九個突出的枚。此墓尚出兩組甬鐘，一組的枚較短，一組則無枚。枚的形狀常為乳釘狀，上面還鑄有浮雕，做工非常精緻。枚之間有裝飾蟠龍紋的平行篆帶。鉦之下的鼓部也裝飾蟠龍紋。鐘口兩側的銑邊有棱。是鐘的典型形式。

鐘鳴雙音 平和悠揚

圖 2-6

高 152.3 公分，湖北隨縣出土，湖北省博物館藏。戰國初期，西元前五至四世紀。

商代首見演奏多音程的鐘類樂器，鉦鐃以三件成組，偶有五件成組。演奏時持於手中，一人只敲擊一件，頗浪費人力，也難取得協調。鐘樂在商代，可能因音程少，只是節奏性的配樂，不是樂章的主調。到了西周時代就改良為橫列懸吊式的，一人敲擊多件。不但節省人力，也容易操作。所以西周晚期就發展出一種十幾件，音調各異的編鐘。足以演奏主旋律、合眾音，名之為龢（ㄏㄜˊ）鐘。

從商代開始，鐘身都被鑄成扁橢圓的形狀，與其他民族鑄成渾圓形的很不同。鐘聲是由協合泛音和比較高的不協合泛音組成。圓形的鐘，不管敲擊何處，振動的模式都一樣，只能發出一個協合泛音。但扁圓形的鐘，擊在正面的鼓部和兩旁的銑部，其振動模式就不一樣，會發出不同的泛音。雖有懷疑中國的鐘之所以鑄成

圖 2-7
曾侯乙墓出土編鐘及木架。高 273 公分，長 1079 公分。

圖 2-8

編鐘。最高26公分。東周，西元前六世紀。這是一套十四個尺寸遞減的編鐘裡頭的兩件，傳說它們出自今日河南洛陽的東周京城附近的金村。其他的十二件都歸日本的住友氏收藏。人們習慣稱這套編器為驫（ㄅㄧㄠ）鐘，因為它們是由一位姓驫的小貴族訂做的。

扁圓形，就是為了發兩個音而特別設計，但苦無證據。

一九八七年湖北隨縣發掘出一座戰國初期曾侯墓葬，出土很多樂器，其中一座三層L形木鐘架，見圖2-7，上頭懸掛了分成五組的四十六件甬鐘和十九件的三組鈕鐘，每鐘均有刻有樂音名稱的正鼓和側鼓。如圖2-7的這件，在鼓的位置刻有「宮」字，在右鼓的位置刻有「徵曾」兩字。宮與徵都是中國的樂調名稱，全部有四十組不同的名稱。根據測音，它齊備可供旋宮轉調的十二個半音。確證古人把鐘鑄成扁圓，是為了使每一個鐘敲出兩個不同的音階，這樣可以節省演出場地的空間，演奏者也可悠閒的敲打，不用一直移動。至於鑄音調的位置，鐘架中層的鐘在正面，而下層的卻在背面，可知演奏時，鐘架的前後邊都有人在敲擊。

鐘鑄成後都要經過定音的調整，定音之後才刻上正確音調的銘。《考工記》說明其要點：太厚則聲不發，太薄則聲散。口太張則聲迫，內弇則不舒揚。甬長則聲震不正。體大而短則聲疾而短聞，小而長則聲舒而遠聞。就是根據這些原則來調音，故每件都有小的長形穿孔、挖刻或焊補的校音處理。此鐘的縱向凸帶，兩銑內角和正鼓部中心近口沿處都有不同程度的磨礪痕跡。

第五章

跨越春秋與宋，作爲歷史見證之鐘

鐘是兩周時代常見的文物。西周用多件大小有序的編鐘以演奏多音程的樂曲。演奏的主要時機是貴族專有的祭祀鬼神與宴享賓客。表現貴族地位的用意大於娛樂，故見於貴族墓葬的數量非常多。秦統一後廢封建，改郡國。貴族的地位既不能無條件的繼承，階級的界線不免愈來愈模糊，作為階級表徵的禮樂重器亦因之不振。尤以後來社會富裕，連士族的宴饗也以音樂助慶，演奏音樂的場所就不再限於廟堂。有

不同朝代 相同型制

圖 2-9
鐘。青銅 最高 22.4 公分 （左）宋代，大約西元 1105 年。（右）東周，西元前五至四世紀。

笨重架子的樂器難於移動，不方便陳設到不同的地方去。就漸以音程完備而輕便的管弦樂為慶會演奏的主調，而鐘鼓磬等笨重樂器就大為衰落，成了國家主政的象徵，故鑄造量大減，同時也不會以之隨葬，故漢代之後的編鐘甚少出現。

事物的發展有時根源於偶發的事件，圖 2-9 這件銅鐘見證了兩段歷史文獻記載。這件鐘的最上部為由兩條相向的龍構成的鈕，用以穿繩懸吊。鐘口平直，這種形式的鐘或稱之為鏄（ㄊㄨㄢˊ）。鐘體呈扁圓，裝飾四區各三行三列，共三十六枚的乳丁。兩行枚之間裝飾蟠螭紋。鐘體中間有縱長的平面可供鑄造銘文。一面鑄鐘律，另一面的銘已被刮掉而重新刻上「大和」兩字。竄改銘文是非常罕見的現象，一定有其動機或目的。

從形制看，這個鐘的年代應屬春秋時代。但鐘上改刻的篆書「大和」兩字，就文字的風格看應是秦代之後的，因此此鐘的鑄造和使用歷史，就很有探討的趣味了。

根據《金史》記載，金太宗完顏晟於西元一一二七年攻破宋的都城汴京（今之開封），洗劫了包括朝廷所用的儀章、鐘樂、禮器，超過二千車以上的勝利品。到了一一四一年金熙宗加尊號，開始使用宋朝廷所制定的帝王禮儀音樂。但因掠奪的鐘磬刻有晟字，冒犯金太宗完顏晟名諱，就用黃紙蓋住。到了一一七四年，就議定將犯廟諱的晟字刮去，取大樂與天地同和之義，改刻「大和」。古代文字的使用習慣，大經常作太字使用，因此此鐘銘的大和可讀為太和。原來此鐘原為北宋朝廷所鑄，本叫「大晟」，為宋徽宗時代所鑄的廟堂樂器。但為什麼宋代所鑄器物會那麼像春秋時代的形制呢？原來也有原因。

宋代是中國有名的慕古時代。經常將從地下出土的古代鐘鼎彝器，視為祥瑞之兆，因此，學者開始著錄，開展了中國金石之學，

圖 2-11
秦公青銅甬鐘，高 48 公分，銑間 27 公分，春秋早期，西元前八至七世紀。

圖 2-10
井叔青銅甬鐘，通高 37.5 公分，銑間 20 公分，鼓間 15.3 公分，周中，西元前十至九世紀。

也依其形制製作觀賞之器。根據《宋史》記載，西元一一〇五年，徽宗時，現今河南省的宋州（宋改為應天府）崇福院發掘了六枚有鐘銘「宋公成之歌鐘」的古代銅鐘。宋州不但在東周時代屬於宋國的領域，而且宋太祖也以宋州起家，故徽宗認為這是一種「於受命之邦出為太平之符」的祥瑞。次年就依出土的鐘形鑄了三百三十六枚，分別陳設在幾個場所。這件應該就是其中的一件，怪不得形制與春秋時代的一模一樣。

第六章

頭頂火焰的人形：甲骨文「光」字的由來

圖2-12 這件執燈墓俑在早期的博物館學界裡相當有名，除了此文物保存的非常完美，臉孔表情豐富外，有穿衣服的完整人形立體塑像在早期的文物群中是非常少見的，此人還佩戴了一枚琵琶形的帶鉤，都是研究戰國衣制的重要實物材料。

為一個人讀書、寫字的照明服務時，大都用跪坐形式把小燈放置頭上以求穩定。**甲骨文的「光」字：**，作一跪坐的人頭頂上有火焰之狀，火焰不能用頭頂著，頂著的必是燃油的燈座。漢代陶燈就有做成這種造型的。如果是為多人的宴會掌燈，就要把燈盤放高，燈蕊做

專注執燈的燈俑

圖 2-12
高 26.7 公分，現藏加拿大皇家安大略博物館。東周，西元前五世紀。

大，才能照得遠，照得亮。要達到這樣的要求，就得使用長柄的燈架放在地上而用手把握住。看此人的上身有點前傾，就是聚精會神把握住燈柄的寫實描寫。

此人兩手向前平伸內彎，手指交叉，把握住一個圓管。管子上下穿通，顯然是為穿過某東西設計的。所把握的東西最可能是油燈或香爐，以文物的年代推測，所舉的較可能是燈盤架。山西長治出土的牛尊立人擎燈也設計成以圓管撐燈的形式。僕人執燈的形象可說是戰國至漢代常見之物，推知此人身分是奴僕。

此人臉龐寬大，容貌清秀，兩眼很有精神的前視，嘴巴閉著。頭戴一頂只堪覆蓋頭髮的小帽，帽上有圓形的裝飾物，下端還附有繩子，經過兩耳前而在下頷繫緊。身穿交領右衽的單薄長袍，和秦、漢陶俑常見的內有厚重內衣的形式很不同，它可能是室內的穿著，或是夏季的服裝。束衣服的寬皮帶繫有早期形式的琵琶形帶鉤。帶鉤是為了佩戴重物而設，主要作用並不是束衣，戰國時代就出土過幾個人像，除束衣帶之外，也佩帶了附有帶鉤的革帶，所以革帶之內大概還隱藏有窄絲帶。

此人赤腳，腳掌交叉的跪坐在小腿背上，下面的底座有可能是表現坐在小席子上。甲骨文就有一字作一人跪坐在席子上之狀（）。鞋子本來是貴族為方便赤足進入神聖殿堂行禮而臨

時穿用的東西，到戰國時代，不但已演進為一般人所穿用，更有人穿用襪子。某些場所若不脫鞋襪，在當時會被認為是種大不敬的行為，尤其是饗宴的場所。如《春秋》哀公二十五年，「衛侯為靈台于藉圃，與諸大夫飲酒焉。褚師聲子襪而登席，公怒。辭曰：『臣有疾異於人，若見之，君將殼（吐）之，是以不敢。』公愈怒。大夫辭之，不可。褚師出，公戟其手，曰：『必斷而足。』」衛侯咬牙切齒，不接受褚師腳有病的解釋，誓言要砍斷褚師的腳，可見嚴重的程度。《禮記・少儀》記載「凡祭於室中、堂上，無跣。燕則有之。」在堂上行禮要求優雅，故需穿襪子。飲宴則講求舒服，故脫去鞋襪。可想見此人正在為某次宴會服務。

光 guāng ＝ 光

跪坐的人頭頂上有火焰之狀，火焰不能用頭頂著，頂著的必是燃油的燈座。

第七章

精巧燈具
具消煙設計的

商代人一天只吃兩餐飯。大約早上七時至九時吃豐盛的早餐，故叫那吃飯的時段為「大食」。下午三至五時吃簡單的午餐，叫「小食」。是典型農家生活習慣的狀態。太陽下山不久就去睡覺，以便次日一清早就去田地工作。既然沒有經常的室內夜間活動，就用不著專用的燈具。當時的社會使用燈火的機會不多，就算有重要的事發生，非得使用燈具，也可能就臨時借用吃飯的陶豆，於點火照明後又恢復其盛飯的功能，難以覺察它曾一度用以照明。燈具既不普及，也沒有專用的燈具，故被發現的機會也相對減少。

從考古的證據看，專用的燈具始自戰國初期。春秋晚期以來由於鐵器的大量使用，生產效

通體鎏金的高級燈具

圖 2-13
高 48 公分，重 15.85 公斤，河北滿城出土。現藏河北省文物研究所。西漢文帝七年，西元前 185 年。

率大為提高，整個社會面貌起了極大的變化，開始可以從事非生產性的活動。而也因有利可圖之故，而使很多人或自願或被迫從事夜間勞動。夜間的活動既然大增，就有必要使用專用的照明器具了。

圖 2-13 這件鎏金青銅燈出自中山王劉勝之妻竇綰的墓葬。燈上好幾處有銘，其中有「長信尚浴」、「今內者臥」、「陽信家」的字樣。今內是指皇帝。陽信指漢武

帝之姊陽信長公主。長信宮則是漢景帝時皇太后竇氏所居之宮名。據燈上的銘記，此燈鑄於漢文帝七年，在宮中已傳用好幾個地方。中山王劉勝為漢武帝之庶兄。竇綰可能是竇太后的親戚。劉勝與竇綰都有可能從不同的管道獲賞這件非常珍貴的製品。

設計的主題是跪坐掌燈的宮女。此宮女細眉細目，鼻端正而嘴巴小，予人秀麗的感覺。頭上用巾覆蓋頭髮，摺疊有如冠狀。內穿厚重內衣，外罩交領右衽的寬袖長衣裳，再套上一件交領右衽的窄袖短衣。想是天氣比較冷的穿著。雙腳跪坐在腿上，左手握持燈座下，右手寬袖罩住燈罩，兩眼平視，呈溫和端詳之狀。此燈尺寸之大、之重非其他燈具可比，而且通體鎏金，若非皇家，不配使用如此奢華的東西。

東周的燈具，設計只顧及盞盤的數量、燈座的造型、裝飾的手法，雖然盞盤有多到十五個，裝飾也用了當時最貴重的鎏金手法，但都還沒有考慮到消煙的問題。圖2-13這個燈由九個部分組成：宮女體內中空，可注進水。頭部、右袖、燈罩、燈盤、底座都可拆卸。燈罩可開闔，燈盤可轉動，以調整光照的大小以及照射的方向。燃火的煙則通過右袖筒，緩慢的與注於體內的水融合，大大減低屋內被燈火的煙燻黑的缺點。

如何把消煙裝置與整體造型的設計融合成無瑕疵的藝術品並不是簡單的事。其他的作品，如加拿大皇家安大略博物館所藏的龜上立鶴形青銅燈座（圖2-14），以鶴的頸子作為導煙管就很自然。但是南京博物院所藏的牛形錯銀青銅燈（圖2-15），在牛頭上多了一條粗管子，就顯得不太協調。

圖 2-14
龜上立鶴形青銅燈座，高 43.3 公分，西漢，西元前 206～西元 25 年。由五個零件組成，可調整光照角度及消煙設計。

圖 2-15
牛形錯銀青銅燈，高 46.2 公分，東漢，西元 25～220 年。

第八章

「明」、「搜」、「幽」：從甲骨字形看古代照明用具之設計

室內的照明措施是文明的標誌之一，表示人們有相當多的夜間活動。在野蠻狀態，人們主要的活動是尋找食物。天一黑就去睡覺，以便次日能早起去尋找食物。房子只是晚上棲身及遮風雨之用，夜間的照明對他們來說，是沒有什麼重要意義的。後來發展到在屋中燒食，人們在屋裡的時間無形中加長，就有必要再開個通風、照明的開口。半地下穴式的房子就在屋頂開孔以引進光線。當房子蓋到地面上時，為減少雨露的浸漏，就在牆上開窗戶。就算有時需要出去走動，也可以借重朦朧的月光。雖然只有在月圓前後期間，月的光度才能提供一些作用。但因

它是不費勞力的自然光源，也因此即使是到相當文明的時候，人們依然會借重它微弱的光明。**商代的「明」字：**，以窗及月表意，表現這種引月光入窗，免費利用光源的行為。

舊石器時代的人就知道火能照明，**甲骨文有一「叟」字，即後來的「搜」字：**，作手持火把於屋中搜索之狀。茅草屋裏使用火把相當危險，不是理想的照明用具。雖然也可利用燒煮食物的火膛照明，但其範圍有限，對於屋子裡大部分的地方都無法照顧到。一旦文明更進步，人們就不再滿意以火膛來照明了。他們另想辦法，終於有燈燭的使用。專用燈具始自戰國時代，此時由於鐵器的大量使用，生產力大為提高，社會面貌也起了變化，可以想像生活內容漸漸豐富，貴族們的夜間活動更是大為增加，點燈從事生產也划算，因此專門照明用具逐漸盛行。

古代的燈光大半微弱而且有黑煙。因為**甲骨文的「幽」字：**，作一火與兩線小絲之狀，以表現火燒燈芯，光線幽暗之意。推測當時所用的燃料大半是植物油。但到了戰國時代，就有使用動物脂肪為燈的燃料。《楚辭．招魂》為招徠亡魂回家而描寫的舒服家居景象中，有蘭膏明燭的形容。蘭膏指滲有香味的燈油，非常講究。

經過精心設計的樹形燈

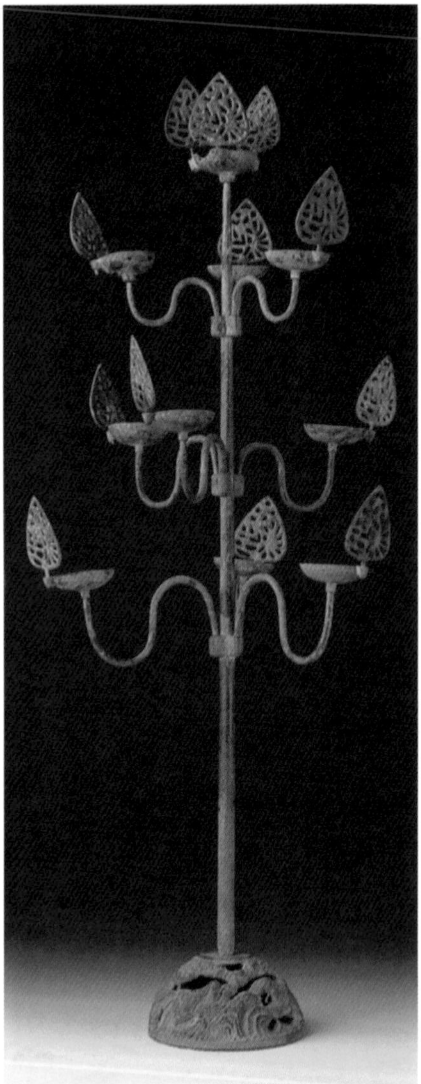

圖 2-16
高 79.7 公分，現藏加拿大皇家安大略博物館。東漢，西元一或二世紀。

圖 2-16 這件製作精緻的樹形燈座有十個燈盞，顯然設計的概念來源自帝堯時期，后羿射下九日而留下一日照明的故事。這件作品可以完全分解組裝，方便收藏與搬移，和現代商業思想不謀而合。除基本的樹幹與以兩條蟠螭的龍為主題的透雕座盤外，其葉子、盞盤、S 形的樹枝支撐都是可以拆下的零件。每個盞盤的一邊都有個突出的插孔，可以插葉狀的蓋子，其中央

則有一支燭扦，可用以繫綁燈蕊。透雕的葉狀蓋子會使光芒有向四周放出陰影圖案的效果。

明 míng ＝ 明

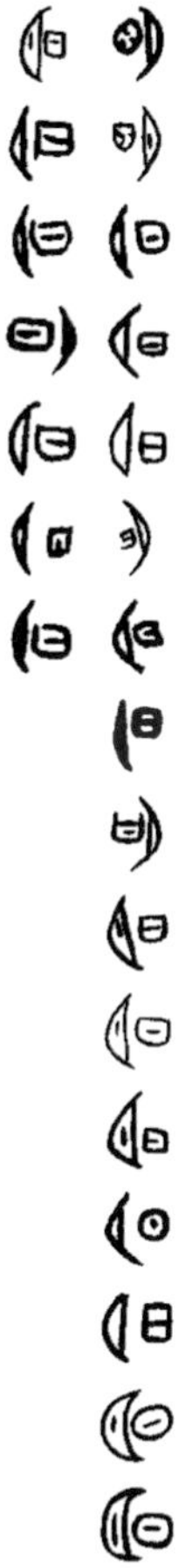

以窗及月表意，表現這種引月光入窗的免費光源利用。

搜 sōu ＝ 搜

甲骨文有一叟字，即後來的搜字：作手持火把於屋中搜索之狀。

幽 yōu ＝ 幽

一火與兩線小絲之狀，以表現火燒燈芯，光線幽暗之意。

第九章

為什麼王族喜歡隨葬駱駝俑？

漢代之前對於駱駝的名稱非常多樣，有駱駞、駱駝、橐（ㄊㄨㄛˊ）他、橐佗、橐它、橐駝、橐駞等。有時同一書也有不同的寫法，如《史記》的大宛列傳作橐它，而匈奴列傳作橐駞。多樣的名詞或許是因駱駝不是本土的動物，故使用外語音讀譯寫的結果。駱駝的特徵是背上有駝峰。單峰產於印度、近東及非洲北部，肩高約二公尺。雙峰棲息於亞洲中部高地，比單峰的較矮，站立時駝峰約高二公尺。大概雙峰駱駝的產地比較接近中國，文物所見的都是雙峰。

駱駝的四肢長，腳趾寬大柔軟，能在沙上與雪上行走，奔跑時兩側的前後肢同步，形成獨特的步態。耳孔有毛，鼻孔也能夠閉合，視力與嗅覺敏銳，有利尋找水源。駱駝能食用粗糲的植物，還能將脂肪儲存於駝峰，保持數日不進食、不飲水，且能迅速飲水補足儲水量，十分鐘就可飲水二十五加侖，故能適應沙漠的乾燥與缺水的生活。其性情溫和，過群體生活，對於需要在沙漠中謀生的人們而言，它不只僅供騎乘、載貨，其毛皮奶肉都非常有用，甚至必要時人們還可以取用駝峰裡的水活命，是沙漠旅行者必要的家畜。

圖2-17這件青銅器是燃火照明的燈座。造形是一位奴僕雙手執燈，騎在駱駝上。此人所執的筒形透空座，可插入一枝頂燈盤的插柱。這個燈的造形有兩點讓人覺得不自然。一是人與駱駝的尺寸比例很不協調；二是乘坐的姿勢不對。這些錯誤代表製作這座燈的人對於駱駝並沒有很充分的瞭解。這位掌燈者的姿勢一般是在平面上跪坐才會有的。侍奉於筵席前的赤足跪坐執燈俑，已有數件戰國時代的出土物，想來是設計者沒有思考過合理性就刻板的把其形象移植到駱駝上，因此沒有塑成垂足的正確姿勢。

中國早期歷史活動的範圍不在沙漠地區，故無緣認識駱駝。到了東周時代，由於經濟利益的衝突，才和西方的遊牧民族有較頻繁的軍事交鋒，也因此有需要對這種沙漠中唯一的運輸牲畜有較多的認識。剛開始就像這件文物，對其認識應該是貧乏的。在文獻中首先提到駱駝的是

象徵財富的駱駝

圖 2-17
通高 19.2 公分，盤徑 8.9 公分，湖北江陵出土，湖北博物館藏。戰國中晚期，西元前四至三世紀。

戰國晚期的《山海經》，有「陽光之山，其獸多橐駝，善行流沙中，日行三千里，負千斤。」的描述，把駱駝最基本的特徵都說清楚了。

圖 2-17 這一件可能是戰國時代唯一以駱駝造形的文物。漢代的墓葬還少見，但是當六世紀早期游牧民族入主中國北方後，一直到唐代維持絲路貿易隆盛的時代止，駱駝就成為隨葬常見的明器了。其形象多變化，有站立、跪臥，或翹鼻嘶叫、

圖 2-18
馱貨跪伏駱駝陶俑，北齊，西元 550-577 年。山西省考古研究所藏。高 24.7 公分。

默然低頭，姿態萬千，件件總有不一樣的地方。

駱駝俑有幾個特徵，一是背上常負載大量貨物，代表財富。駱駝的負載力驚人，有一件在背上架設的平台有身材胖碩的男女七人樂團。有時還很逗趣的在水袋上塑隻騷動的猴子。二是常伴隨異族形象的牽夫，因牠是域外的動物。唐代以後駱駝形象的美術品雖因陸路貿易的沒落而消失，但諸侯王以上品級的墓葬神道就保留了駱駝作為遠方朝見，國運興隆的象徵。

第十章

金文「熏」字與塑造仙鄉景象的博山爐

圖2-19 這件文物叫博山爐，特徵是蓋子像一座山巒之形。相傳博山是仙人所居之處，秦漢人追求長生，希望接近神仙，故常做成這種形狀。爐下為支腳，有柄圈足，或為人物造形。作用是焚香，材料有陶、金屬。這個博山爐通體用錯金的方法，裝飾著形狀不定，漂浮多變的流雲紋。器座的圈足裝飾騰出水面的透雕蟠龍三條。蓋子是多層的峻峭峰巒形，山巒間有神獸奔走、小猴嬉戲、獵人追逐野豬等生動的畫面，還隱藏多個透空的孔洞，使峰巒更覺深邈，器身錯金的飄動雲氣也與山峰間的雲氣配合，整體像是一座由蟠龍頂托著的神山。這件錯金的做工非常精細，有粗有細，流暢的線條把整個山巒的飄逸氣氛都襯托出來了。這樣的作品出自王侯

金爐香炭變成灰
博山爐

圖 2-19
高 26 公分，重 3.4 公斤，河北滿城中山王墓出土。河北省文物研究所藏。西漢，西元前 206 至西元 25 年。

的墓葬，一點也不令人意外。

人類一直在想辦法讓生活過得舒服，在住家方面，不但空間要大，建材要理想，氣氛也要有相當程度的配合。從文字可推斷，起碼從西周時代起，人們就想讓呼吸的空氣舒服些。**金文的「熏」字：**，作一個兩頭都束住的袋子中有物之狀，從使用的意義可以推知此袋為香囊，裡頭裝的是乾燥的香味花瓣一類的東西。香囊可以雜放在衣服中讓衣服沾染香味，也可以佩帶走動，隨處生香。反映對住家生活的改進。

古代的文獻經常談到使用薰草。它是種禾本科的植物，也稱蕙草或蘭蕙。它自身能放出香氣，也可以焚燒的方式擴散香氣，故有「薰以香自燒，膏以明自銷」之句。薰草生長於湖南兩廣一帶，取得不難，故秦漢時代使用薰香甚為普遍。到了西漢中葉，對閩、廣漸有認識，也和西亞較有貿易接觸，知悉龍腦、蘇合等樹脂類香料。龍腦為樹幹中所含油脂的結晶，產於福建、廣東，以及南海、波斯等地。蘇合產於小亞細亞，為金縷梅科喬木。這兩種材料的芬芳馥郁都遠超過薰草，自然樂於採用而漸取代之。這些樹脂類的香料不能直接用火燃燒，須經過搗打的步驟製成粉末，然後才撒入爐中的承接器，間接用炭火加熱，才不會燃燒太快而費錢財，因此不得不改變焚燒的方式。博山爐之類的新器具便因之產生。梁吳均《行路難》有詩句「博

圖 2-20
四連體方薰爐。高 14.4 公分，廣東廣州出土，南越王博物館藏。西漢中期，西元前二至一世紀。

山爐中百合香，鬱金蘇合及都梁」、「玉階行路生細草，金爐香炭變成灰」就具體描寫出博山爐焚香的情況。此種器要做成深腹的形狀，以容納炭火，並加上蓋子使氧氣不充分而好減少香料的耗損，山巒隱蔽處也做成煙孔，使香氣能夠逸出。

焚香本來是為自己增加生活的情趣而做，對於神仙當然要以人們最珍貴的事物去禮敬，因此焚香自然也成為信仰的方式之一，甚至成為主要的功能。南北朝以來佛教盛行，焚香漸成為宗教的行為，焚香的器具也稍有變化，成為特殊佛具而少見於家庭。到了北宋更製成方便使用的棒香，就成為宗教專用的商品了。

圖 2-21
青銅香薰，高 12.7 公分，口 8.5 公分，戰國中期，約西元前四世紀。

圖 2-22
青銅香薰，高 10.4 公分，口 8.9 公分，戰國中期，約西元前四世紀。

圖 2-23
透雕青銅香薰，高 16.2 公分，口小 5 公分，大 8.1 公分，戰國早期，約西元前五世紀。

熏 xūn ＝ 熏

一個兩頭都束住的袋子中有物之狀，從使用的意義可以推知此袋子為香囊，裡頭裝的是乾燥的有香味的花瓣一類東西。

冓 gōu ＝ 冓

兩木構件相互交接並加捆縛之狀。（見本單元第十一章）

第十一章

甲骨文「冓」字爲什麼被當作交接聯繫的代表？

圖2-24 這件文物叫銅構件，作用是把兩段或多段木頭連接起來，兼帶有色彩和紋樣的裝飾效果。它的造形多樣，有直形、曲形、叉形、不規整形，裡面都是貫通的，用以容納木構件。有時外形非常複雜，還帶有可以轉動的活頁，用以調整木構件連接的角度，變化區隔空間的大小，充當不同的用途。這個銅構件，外露的兩面裝飾蟠螭紋，曲形的兩端作三尖齒形，表面可以看出有幾個小釘孔，是用於插釘，使嵌入的木材和銅構件的位置固定。隱藏的部位不必美

建築上的創舉

圖 2-24
長 42 公分，寬 16 公分，陝西鳳翔出土。春秋，西元前八至五世紀。

觀，故做成透空的框框，以節省材料。這一件已有兩處的損壞。建築用的銅構件不是為了國家的大事所鑄造，造型也不很優美，不是熱門的收藏，故少見介紹，但它代表春秋時代建築上的一種新創舉。

稍微進步的房子都不能只由一根木頭完成，建造家屋首先面對的一個困難，就是如何維持木頭與木頭的交接處的穩固。六千年前陝西西安半坡村落的房子，牆壁和屋頂已用很多木柱構築，木柱與樑的交接只見以繩索捆縛再加泥塗固定，沒有發現使用榫卯構件的痕跡。這種構築法反映在**甲骨文的「冓」字**：，它表現兩木構件相互交接並加捆縛之狀。從發掘的現象看，我們可以得知古人已了解到兩根木頭交接的地方要稍微削尖才容易捆縛。人們用冓字表示各種與交接、相會有關的意義，後來以各種形符加到冓字之上以區別各引申義，於是形成了構、覯、搆、篝、媾、遘、溝、講、購等從冓聲而與交接的概念有關的各個形聲字。

中國南方可能由於比較溫溼，不適合像北方一樣經營半地下式的穴居，所以很早就開始發展干欄式的住家，即先在地上豎立多排的木樁，然後在樁上架屋。這樣的木結構較複雜，六千多年前的浙江餘姚河姆渡遺址，已見採用榫卯的方式加強木構件的牢固，那是將交接處的木頭，一端挖出一個孔洞的卯，一端鑿出一個凸出的榫，凸出的榫套入卯眼，兩根木頭就被連接而固定了。這種技術相當費工，接觸處可能也比較脆弱，到了商代還是很少使用這種方式建屋。

銅本是貴重的材料，早期主要用以鑄造祭器與武器。春秋時代鐵的使用逐漸普及，尤其是鋼的鍛造技術被充分掌握後，鋼鐵的銳利與耐用非銅器所可比擬，故銅作為武器的材料，首先就逐漸被鐵所取代。鑄造祭器的功能也終被輕盈豔麗的漆器所代替。銅就被轉用到其他的用途，開始大量出現銅帶鉤、銅鏡、銅燈，以及替代榫卯的銅構件，作為木材的框架。銅構件不但能強固木材的結合，也增加其色彩的輝煌。到了漢代，一來可能由於木材的缺乏，二來以小條磚砌牆，更堅固耐用，就捨棄銅構件的使用了。

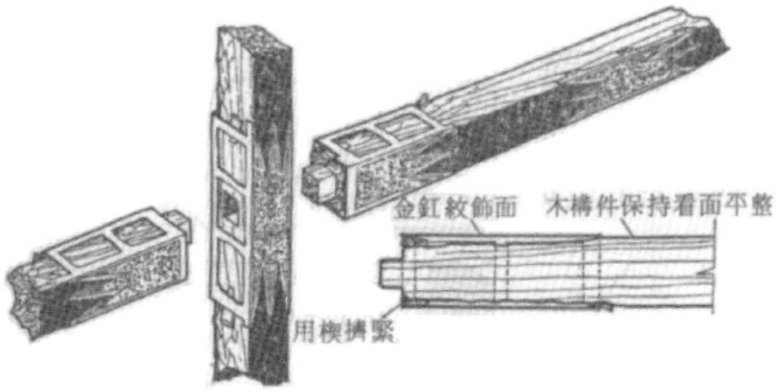

圖 2-25
銅構件套合示意圖。

圖 2-26
青銅構件，高 23.5 公分，長 31.5 公分，戰國中期，約西元前四世紀。

第十二章
花俏美麗的帶鉤裝飾

皮帶是東周至東漢時代常見的衣飾用品，兩端一為帶鉤一為圓環。帶鉤的基本造形由鉤首、鉤體和鉤鈕三部分組成。鉤首顯落於外，作用是鉤住另一端的環以束緊衣服或讓帶子卡在腰上。由於其形體小，又不是展示的主要部分，因此大都因勢鑄成簡單的動物頭形。鉤鈕是個突出的圓鈕，用於固定在革帶上，隱藏於內，不必有任何裝飾。鉤體是展示的最主要所在，故各式各樣的變化就在這一部分。

皮革是游牧民族比較熟悉的材料，加上帶鉤有犀比、犀毗、胥紕、私紕頭等顯然是外來譯音的名稱，因此不少人以為它是騎馬民族引進的服飾。但是根據幾十年來的考古工作，發現其傳播途徑是從三晉與關中的中原地區，逐漸向四周擴大的。游牧地區反而很少有這一類東西的發現。它出現於春秋中期，戰國時最盛行，漢以後就衰落了。

中國的衣帶不僅用以束緊衣服，也在其上置鉤以懸掛日常用品及裝飾物，如劍、弩、刀、錢囊、鏡、印章、佩飾等。

幾乎所有固體的材料都可製作帶鉤。因為它在服飾上相當顯眼，故有錢人往

圖 2-27
鎏金鑲嵌綠松石帶鉤，長 20.5 公分，戰國，西元前 403～221 年。

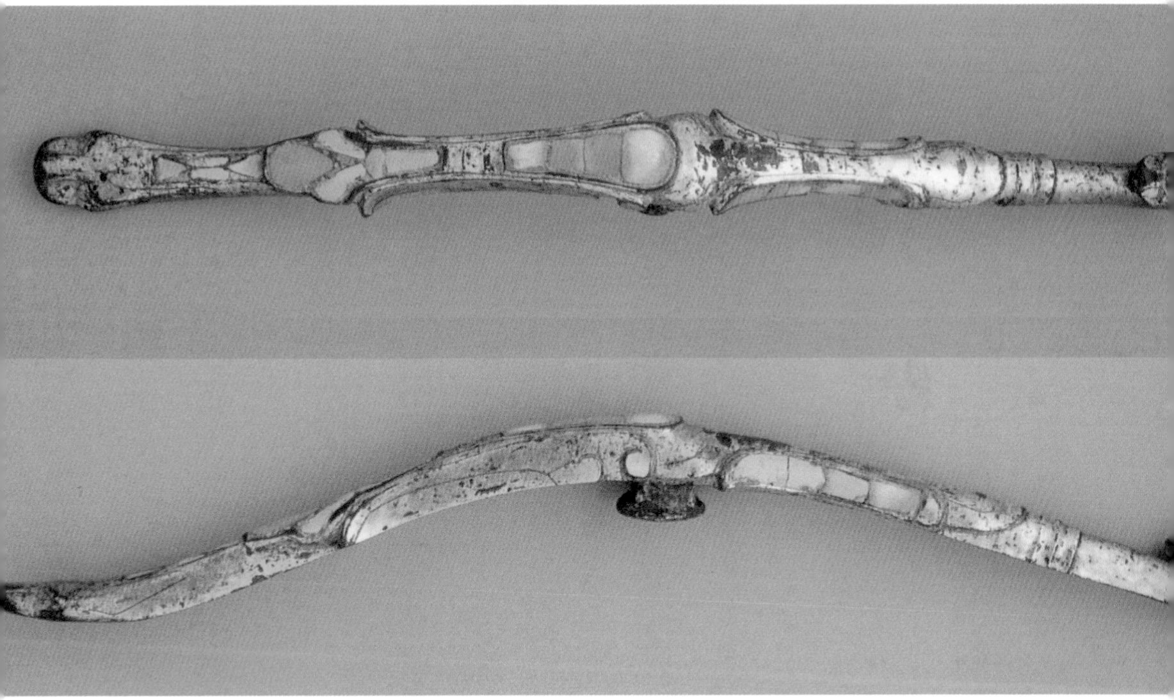

往以最昂貴的金、銀、玉、玻璃等材料製作或裝飾。窮人家就以鐵、石、骨，木、陶等為之，但絕大多數存世作品是銅鑄的。其尺寸頗為懸殊，小的不到二公分，長的有達四十六公分。不過一般是十公分上下。鉤體一定做成有弧度的，以符合腹部的彎度。基本形狀有寬板、窄帶、一端膨大等三種，每個類型除形體的變化外，還有加上幾何線條、動物、人物等平面、浮雕或立雕紋飾，或鑲嵌不同顏色珍物等等的繁多花樣。圖2-27這件，鎏金又鑲嵌綠松石，材料很珍貴，但設計平常，屬窄長型。

帶鉤的優點是只要稍微吸氣，就可快捷的戴上和取下。缺點是其長短要依個別的腰圍而設，身材變了就不便使用。其興起與衰微也和其優、缺點有密切關係。它原是為攜帶某種不常用的重物於腰帶而設，有需要時才戴上，並不做為束衣之用。但因它有束衣之效，因此也被利用而漸漸取代綑縛的絲帶。所以戰國的人像，有時明顯看出身上有兩條束衣的帶子。裡頭的是紡織材料製成的部分，才真正負責束衣的功能。外面是革帶，其上還懸掛刀劍。

春秋時代攜帶的量重而不常用的新事物是銅劍。西周以來劍的使用愈來愈多，春秋時已成貴族普及的裝飾用具。它懸掛在革帶上，家居時不佩帶。外出有需要時才加到絲織的腰帶上。帶鉤最先並不被當作裝飾用具，故早期的作品都短小而粗陋。到春秋晚期普遍使用帶鉤時，才有以顯示為目的而製作的精美大型帶鉤，後來大概因為源自騎馬民族的帶扣，束衣的功能更為穩牢，以後就逐漸被帶扣取代了。再加上西晉規定上殿以木劍取代鐵劍，可能也是帶鉤不振原因之一。目前似乎只有穿袈裟者使用，也是著眼於易穿易卸。

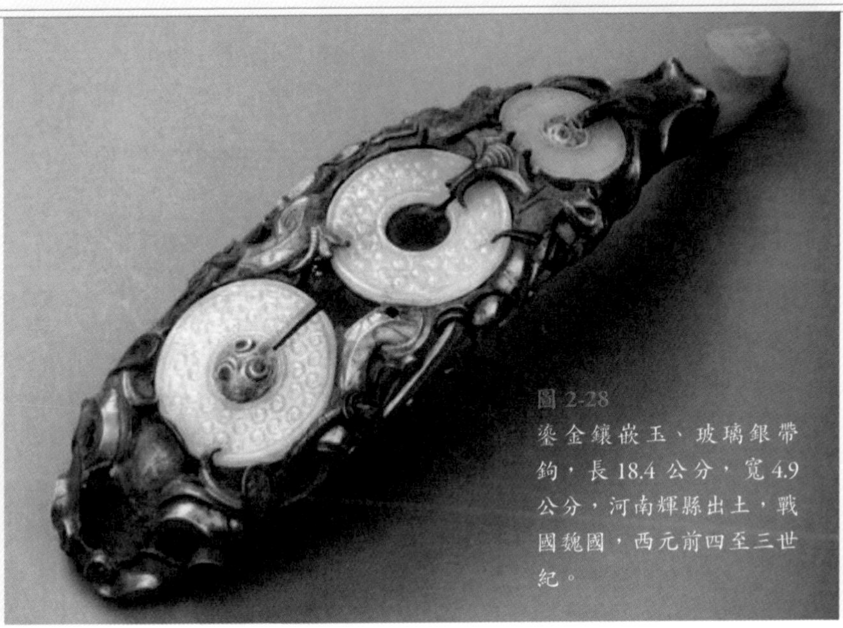

圖 2-28
鎏金鑲嵌玉、玻璃銀帶鉤，長 18.4 公分，寬 4.9 公分，河南輝縣出土，戰國魏國，西元前四至三世紀。

圖 2-29
錯金銀犀形青銅帶鉤，長 17.5 公分，高 6.5 公分，四川昭化出土，戰國巴國，西元前四至三世紀。

圖 2-30
三人樂奏青銅帶鉤，長 4.5 公分，寬 1.9 公分，內蒙古準格爾旗出土，西漢，西元前三至西元一世紀。

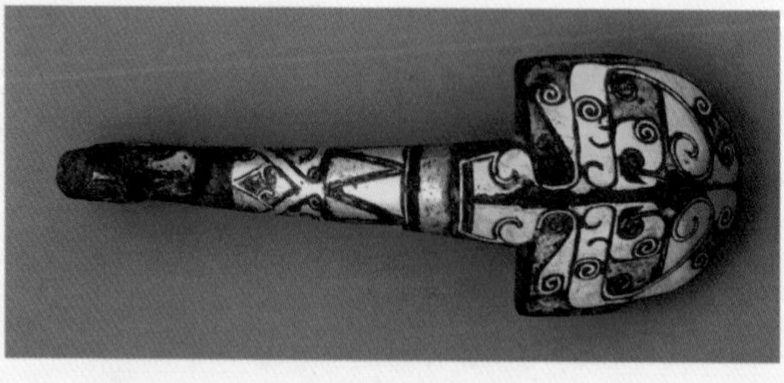

圖 2-31
錯金銀虎紋青銅帶鉤，長 10 公分，戰國，西元前 403～221 年。

禮四方

參、權位與信物——玉六器，禮四方

第一章

家家戶戶必備的時間測量工具

古玉的製作有幾個大類。其中比較重要的類別，是那些雖然沒有多大的實用價值，但作為權位象徵的玉製品。一是直接仿製刀、斧等類的武器或工具的形狀，二是由武器工具變形的圭、璋、璜、琮等，都是禮儀的用具。它們是大貴族賞賜給小貴族作為合法權位的信物。一如非洲內陸的土族，沒有擁有海貝就沒有擔任酋長的資格。中國古代也許有類似的習俗，所以貴族們不惜金錢也要取得它。

圖 3-1 這柄玉製的戈形器物，學者稱之為玉戈。戈是一種捆綁在柄上的殺敵武器，是商周時代常見的隨葬器物。這件玉戈的內部有一個小孔，看起來是為了增加綑綁的強度而設計，就

掌握時間的象徵
量影玉戈

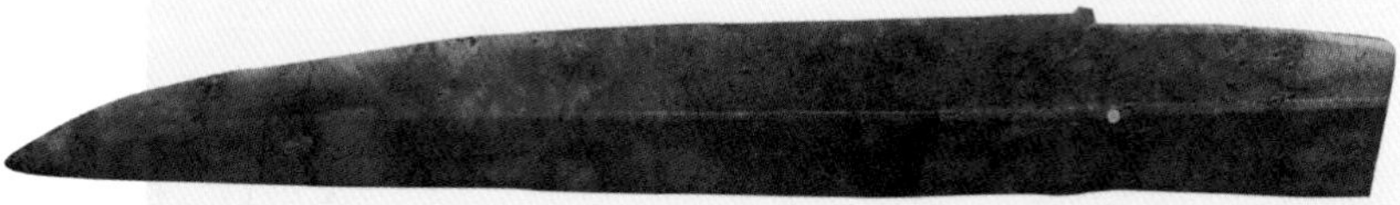

圖 3-1
長 94 公分，寬 13.5 公分，盤龍城出土，現藏湖北博物館。商代中期，約西元前十五世紀。

像實用器一般，但是一般的戈長約四十公分，這把戈的長度竟達九十四公分，如果將它綑綁在柄上，將很難保持平衡。玉戈本來就沒有殺敵的功能，乃是充當儀仗以標示威權的作用，儘管如此，也還是會講究方便使用。這件玉戈有尖端，可以作為計量時間的日晷使用。很可能玉戈就是從測量日影的儀器而轉化為統治階級權威的象徵。

越是文明的社會越會注重時間的價值，也要求對時間作更精細的測量。以太陽在天空的位置來表示或計量白天時間的長度是很實際的作法。中國起碼在西元前七世紀春秋中期時，已經有使用土圭以測定冬至與夏至日期的方式。以土圭測影的方法頗為簡單，就是立一支長竿於地上，以測量各季節日間太陽投影長度的變化。夏至影低而日照長，冬至影長而日照短，可以依照投影長度的變化速度以測量正確的時間長度。

小篆的「圭」字：圭，為兩土相疊的形狀。字的初形應該是一支長竿及倒影的形狀，為了書寫的便利才寫成相疊的土字。西

圖 3-2
穀紋黃綠玉珪，長 22.4 公分，寬 7.1 公分，戰國，西元前四至三世紀。

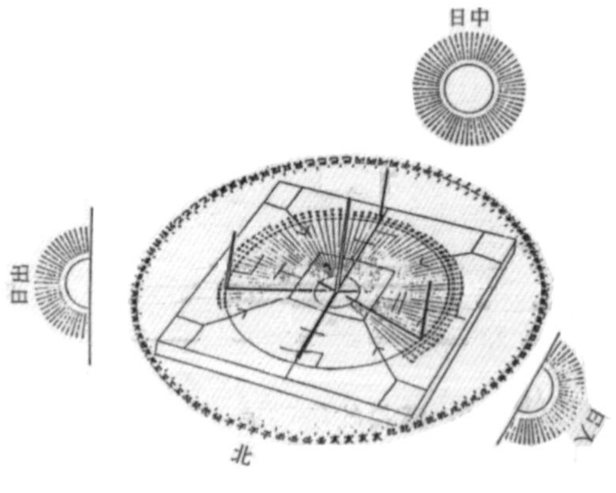

圖 3-3
漢代日晷使用示意圖。

周毛公鼎銘文有「錫女茲 （字形像兩手捧著圭璋一類器物狀），用歲用政」的句子。意思大致說，賞賜給你這件東西，希望對你在歲月的測量以及行政的管理上能有所作用。圖 3-1 這件玉戈的尖端，完全可以當作標竿使用。看來商代應該有測量土圭側影的設施。

玉器中有一類中央尖的叫圭，如圖 3-2，是戈形制的對稱化，也暗示出長玉戈的原始用途可能是為了測量光線的投影。在古代能夠預知或確定季節的東西，很可能會被認為有神祕的力量，因此替這件工具增加了權威感。到了漢代，測量日影以測知時間的舉動更加平常，所以有袖珍銅圭尺的鑄造，使用時打開，平常合成柄狀的匣子，非常便利攜帶。

這種利用投影長度變化的原理以測量時間的方式，有更精細的工具日晷。那是在一塊石板上刻上許多由中心點向外放射的線與點，在約四分之三的圓周上刻有六十九道點線及數字。並在其間刻上一些作為定點或校正用的記號，如圖 3-3。點上可以插幾支竿扦以觀測太陽出入的角度，並用來校定時間。其構成的圖案與當時的六博棋盤及銅鏡上的規矩紋一模一樣。可以想見日晷的應用必定很普遍，並被利用作為游戲的道具。所以規矩紋銅鏡除照顏以外，還可以計時和游戲，是家庭常備的多用途器具。

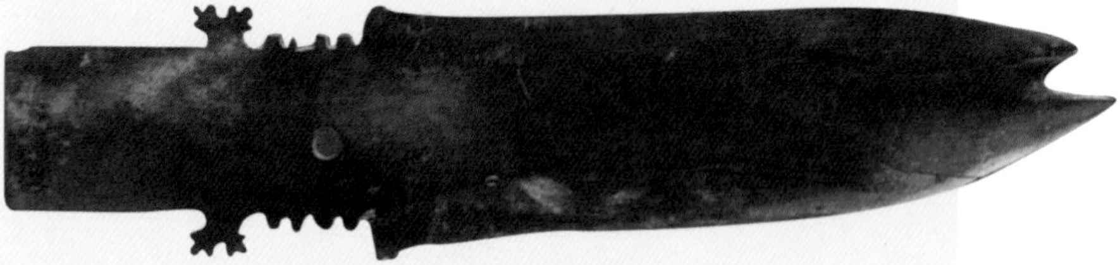

圖 3-4
戈形玉璋，長 38.2 公分，四川廣漢三星堆出土，商代，約西元前 1300～1000 年。

圖 3-5
各類玉製禮儀用器(戚、璧、刀)，雜質綠、棕黃玉。最大長度 33.1 公分。新石器時代，西元前 3000～1000 年。

圖 3-6
玉戈，長 43 公分，偃師二里頭出土，約西元前二十一至十七世紀。

圭 guī

＝

圭

兩土相疊的形狀。字的初形應該是一支長竿及倒影的形狀，為了書寫的便利才寫成相疊的土字。

第二章

從甲骨文的「取」字，看古代的軍事習慣

圖3-7這件使用陽起線紋磨雕的玉珮，主題是一個戴高羽帽的人頭。其設計和圖3-8，江西新幹出土的戴羽冠人頭形玉珮幾乎相同，可以互相比對。這一件兩面的紋飾都相同，推知是作為垂吊於腰際，兩面都可展示的佩飾。新幹的玉珮雖只在單面琢磨紋飾，用途應該沒有不同。

頭戴羽冠的人像最早出自距今四至五千年前浙江良渚文化出土的玉鉞與玉琮，有一個人騎在某一種動物上面的形象。騎獸者的身分可能是王者。但這兩件玉雕的人頭像可不能如此看待。良渚的騎獸者有著一般人的容貌，而新幹玉雕的人形卻作獠牙露齒的兇惡形狀。3-7這件玉雕雖然沒有雕出獠牙露齒的樣子，但嘴巴兩旁上捲的雙勾線條，看起來就是簡化的獠牙。兇

表情兇狠的人頭玉佩
是殺敵的勳章

圖 3-7
高 4.3 公分，現藏加拿大皇家安大略博物館。
晚商，約西元前 1400～1100 年前。

圖 3-8
戴羽冠人頭形泛白玉珮。高 16.2 公分，寬 7，厚 0.4，江西新幹出土，晚商，西元前 1400～1100 年前。

惡的臉容是這兩件玉雕的主要特色，它和良渚玉雕所要表達的騎獸者擁有神力且備受尊敬的用意是完全不同的。

這個人像是鬼神？是君王？是部屬？為什麼古人要佩戴它，是為了美觀？身分？還是為了避邪？一連串的問號等待著回答。面對文物，最難把握的就是其社會背景與製作動機。加拿大皇家安大略博物館藏有一個鎏金青銅人頭，長長的頭髮被束括成一把的尖狀，後面有個小鈕可以縫在衣內。它也是一件展示品，只是容貌並不兇惡。在中國古代，頭髮不打髻可不是一件值得讚美的事，大半是如同罪犯者一般，不能控制自己外觀形象時才會有的。

古代有一種獻馘（ㄍㄨㄛˊ）的儀式，是國家有關軍事的隆重慶典。《禮記．王制》記載「天子將出征，……受命於祖，受成於學。出征，執有罪；反，釋奠於學，以訊馘告。」意思是說勝利的報告要在學校舉行，並把抓來的戰俘以及砍下來的敵首獻上。學校是古代的軍事訓練場所，所以要在那裡獻馘。軍事成就是古代統治者最喜歡誇耀的政績。《逸周書．世俘》記載周武王於克商後，曾至周廟舉行過四次的獻馘典禮。周王朝後來不但自己舉行獻馘，也要求諸侯國有義務在軍事上獲得勝利時，前來向周廟獻祭捕獲的敵人首級。

把敵人的頭砍下來領賞，是古代各國普遍的活動。《左傳．僖三十三年》就記載晉國的先軫不穿甲冑而進入狄人國界打仗，不幸戰敗而被割去頭顱。後來狄人歸還他的頭，顏面竟然還如同活著一般。這種習慣甚至反映於古代的文字。**甲骨文的「馘」字：**，就是形容代表頭顱的眼睛被懸掛在戈上的形狀。有時候頭顱過重不便多帶，所以對於不重要的敵人，只截取左耳以為殺敵的信徵。**甲骨文的「取」字：**，作手拿著耳朵的樣子，耳朵既能拿在手中，當然已經被割下。戰國時代秦國鼓勵士卒殺敵，以斬首多寡定功論爵，無疑是學自甚為古老的習慣。殺敵是件值得炫耀的事，臺灣原住民以前有個習俗，殺過敵人的勇士才有資格在帽子上嵌鑲海貝，其心理與佩戴人頭玉飾有相同的地方，都是表達有過殺人的戰功。

馘 guó ＝ 馘

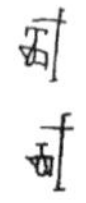

就是形容頭顱的眼睛被懸掛在戈上的形狀。

取 qǔ ＝ 取

作手拿著耳朵的樣子，耳朵既能拿在手中，當然已經被割下。

第三章 甲骨文「鳳」字跟古代語言的關係

圖3-9 這塊平面的玉雕，以簡要的輪廓和透雕的技術琢磨出鳳鳥的形狀，兩面都以陰線浮雕出相同的紋飾，翅膀上還用陽起的線條表現出排列有序的羽毛。這隻鳥的頭略為下傾，兩翅沒有伸展，長尾下垂，看來是休息於樹枝的樣子。但是這件玉珮中間部分的外側，即長尾巴的前端，附帶了一個和造型無關的孔紐，顯然是為了穿過繩線佩戴而設計的。如果以這個孔紐為支點佩帶，則鳳鳥不是直立而是橫擺的，但橫擺時又不像是展翅飛翔的姿態。不知到底是如何懸吊，或許是串通頭上的羽冠與此孔，而讓鳳鳥直立？

這件線條優美，琢磨精巧，晶瑩鮮潤的玉雕，無疑是商代的一件精品。雖然商代的玉雕刻

南方的吉祥動物

具備貴族品格的鳳

圖 3-9
高 13.6 公分，厚 0.7 公分，河南安陽婦好五號墓出土。商晚期，西元前 1300～1200 年前。

畫技巧還難以作出精細的線條，紋飾時常比較簡要，但這件玉雕對於我們了解鳳鳥的形象仍然是很有幫助的。通過與商代甲骨文的比較，大致可了解其較確實的形象。**甲骨文的「鳳」字：**，被假借為風，作一隻鳳鳥的形狀。此字特徵有二：一是頭上有羽冠。這件玉雕有詳細造型，三簇縱列的羽冠，可補文字描寫的不足。二從文字來觀察，長的尾巴有特殊的形象，膨脹的末端還有分歧，相較之下，這件玉雕顯然沒有確實表現尾巴的部分。

古人不會作沒有根據的幻想，古代的圖案原先應該都是取自實際生存的動物，後來可能由於氣候改變的原因，該動物遷往他處，以致人們見不到真實的形象，就逐步的改變形象，以致於最後成了不存在的東西。中國在三千年以前的氣候較現在溫暖得多，一些現在已見不到的動物，如象、解廌、犀牛，在商代都是常見的。從這件玉雕以及甲骨文的字形看，鳳大致是孔雀一類鳥類的寫生。後來神化了，逐漸以九種不同動物的特徵湊合，除基本的鳥形外，又加上麟前、鹿後、蛇頸、魚尾、龍文、龜背、燕頷、雞喙等形態，當然就成為不存在的神物了。

鳳鳥被當作代表南方的吉祥動物，有可能就是因為牠是南方的禽鳥。**「皇」字的字形：**，就是以美麗的長羽毛裝飾在帽子上的概念創造的。在古代，使用美麗的羽毛也是貴族的特權。也許因此被賦予人間貴族的品格，傳說鳳非梧桐樹不棲，非竹實不食，非醴泉不飲，顯然是一位彬彬君子的形象。

鳳在商代被假借為風使用，後來有在**鳳鳥字形加「凡聲」與「兄聲」的兩種標音形態：**、，有學者懷疑在更早的時代，中國的語言是複音節的，後來才變成單音節，風字的兩個標音就是其殘存的遺跡。有些古代的單字名詞後來寫成兩個字，譬如廌成為解廌、解豸、獬

豸；蛛寫成蜘蛛，蟻寫成螞蟻。還有一些雙音節的詞彙，如倉庚、忍冬、蜈蚣等，都有可能是古代多音節語言遺留的痕跡。

鳳 fèng ＝ 鳳

被假借為風，作一隻鳳鳥的形狀。

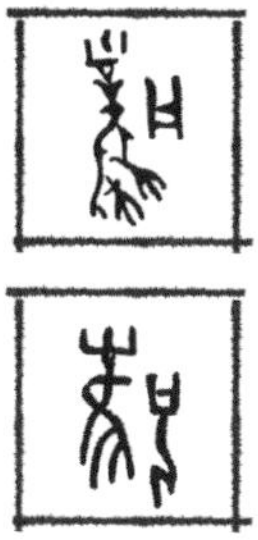

皇 huáng ＝ 皇

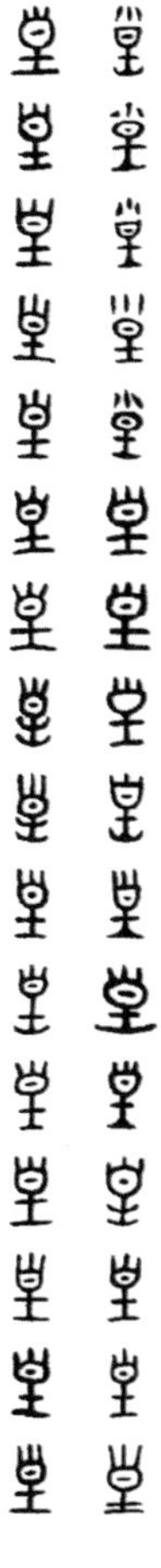

就是以美麗的長羽毛裝飾在帽子上的概念創造的。

第四章

黃帝為什麼叫「黃」帝

美麗玉石的象徵意義

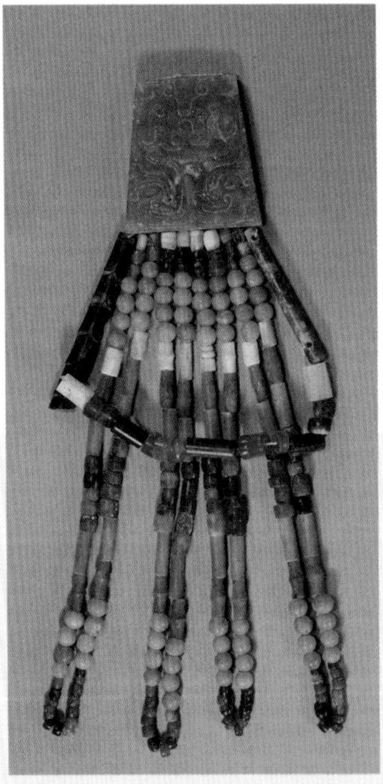

圖 3-10

長約 30 公分，河南省平頂山市應國墓出土，河南省博物館藏。西周晚期，西元前九至前八世紀。

由多種顏色的珠玉所組成的玉珮稱為雜珮。圖3-10這件的主體是一塊有浮雕紋的梯形玉，其下連綴十串玉珠、玉管、瑪瑙珠、骨珠和骨管組成的飾物。出土時位於主人胸部，較可能屬於周民族系統的女性所有。商民族的玉珮多繫在腰際，少見到胸飾。這十串珠飾太過擁擠，服戴的時候可能會相互擠壓而致高低不平，所以設計成最旁邊的兩串聯合起來，壓在其他八串的上頭，這樣就可以比較平坦展開。其造型雖不特別，但屬於古代很少見到的女性胸前裝飾物，所以也很珍貴。

考古發掘證實中國在距今七千年前就開始使用玉材製作器物。那時尚是人人平等的社會，除了借用玉的美麗色彩外，別無其他的作用。以偶然獲得的美麗石塊磨製成裝飾物，是屬於玉器使用的第一個階段，就是為了美麗的作用而製作。

但是到了距今五千年前，階級開始分化，有人聚積了財富，成了統治階級，就想到了使用罕見的東西來裝扮自己，彰顯高人一級的社會地位。這些東西最好是一般人沒有能力取得的，所以世界各地都出現了穿用罕見的金銀、齒貝、毛羽服飾的貴族階級。玉的質地堅實，如果磨成薄片並將之串聯成組，行動趨走之際還會相互撞擊，發出清爽悅耳的聲音。如果以之作為璜佩，還有節制步伐，增加肅穆氣氛的效用，很能表現統治階級不事生產，優渥儒雅的形象。當時中國本土並不生產玉材，有意以遠地的產物彰顯身分的作法，就進入了玉器使用的第二個階段，具有代表身分的作用。

中國進入第二個玉器使用階段的歷史人物是傳說中四千七百年前的黃帝。歷來以為黃帝的取名來自於順應土德而崇尚黃色的陰陽五行學說。其實中國古人普遍喜愛鮮豔的紅色及黑色，並以之作為尊貴者的裝飾顏色。戰國時代的人大概根據周代尚赤的事實，應用五行相生相勝的新理論，附會黃帝的名字，推演上古各個朝代所應崇尚的顏色，才得出黃帝取名是因為得到土德、崇尚黃色的不正確結論。

甲骨文的「黃」字字形：，本義是璜，就像一組玉佩的形象。中間是主體的環璧，環璧下則是作為垂飾的衝牙以及雙璜。有人猜測玉珮的起源，大概源自攜帶可掛於腰際的工具或有關戰爭的石製武器，之後發展成為禮儀用器的圭璋，再從圭璋演變成玉珮。懸掛貴重而成組的玉珮於腰際，顯然會妨害勞動的進行，也不利於激烈的軍事行動，是只有不從事勞動，優渥閒適的人才用得著的服飾。把兵器改變為禮器使用，恐怕其最重要的目的就是在宣告人們和平不戰的用心。《孔子家語》有「黃帝與炎帝戰，克之，始垂衣裳，作黼黻。」即強調創制不便於作戰跳躍的垂地長衣裳，以及表現高階級的費工刺繡，其時機就是在戰後，亦即人民亟需和

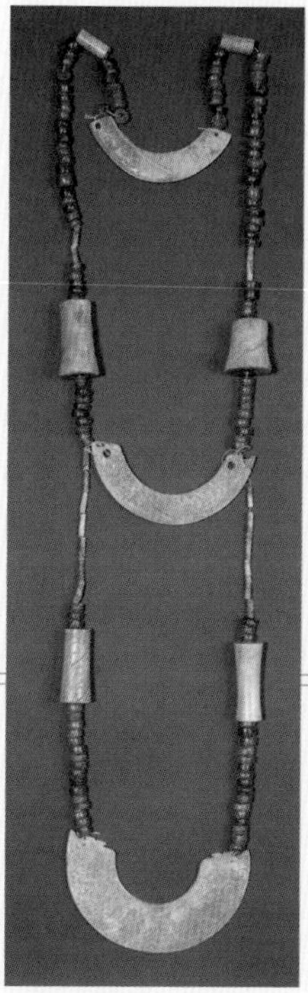

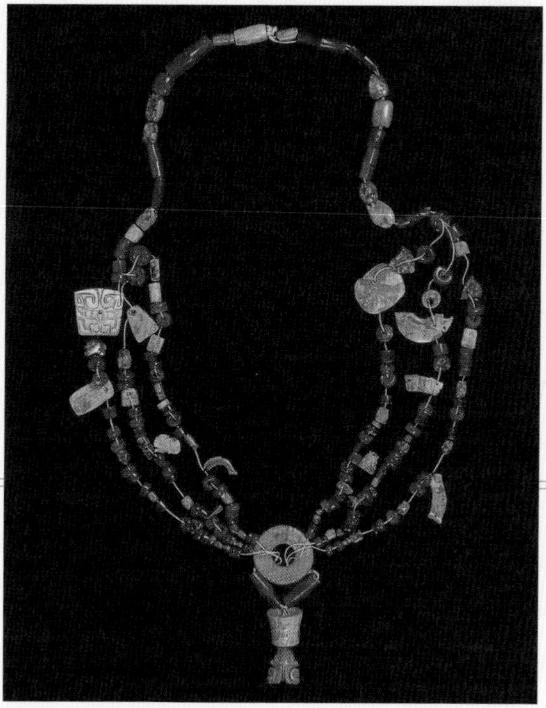

圖 3-11
瑪瑙珠玉多串頸飾，河北房山硫璃河，西周早期燕國遺址，西元前十一至十世紀。周民族系的女性裝飾。

圖 3-12
瑪瑙珠貝玉九串頸飾，長約 28 公分，陝西長安出土，西周早期，西元前十一至十世紀。

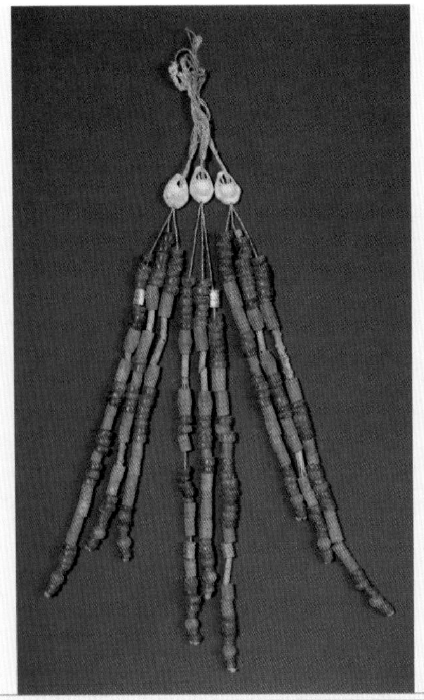

平以生產養息的時候。後人命名這位創建服制制度的君王為黃帝，就是因為他以璜珮來表示不戰的用心，並以之區分階級，穩定社會的秩序。

圖 3-13
三璜串飾，通長約 70 公分，陝西長安墓葬出土，西周中期，西元前十至九世紀。中國社會科學院考古研究所藏。三海貝各穿三串由紅色瑪瑙及玉管組成的頸飾。

圖 3-14
瑪瑙首飾，長 1.1～7.3 公分，雲南晉寧，西漢，西元前三至西元一世紀。

黃

huáng

＝黃

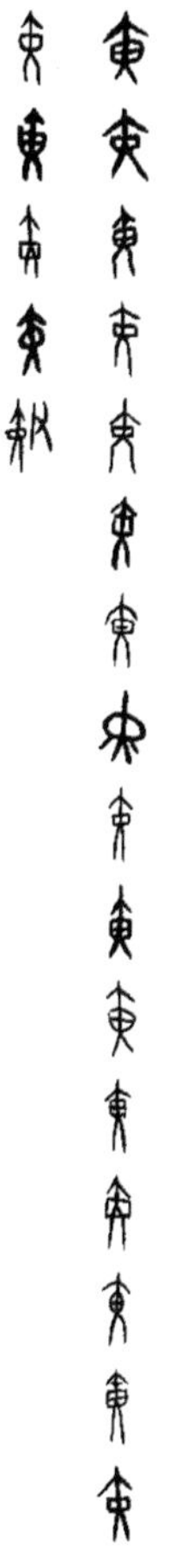

本義是璜，就像一組玉佩的形象。中間是主體的環璧，環璧下則是作為垂飾的衝牙以及雙璜。

第五章

象徵統治者端莊優渥的「璜」

圖3-15 這件玉器，主體作有弧度彎曲的帶狀形，在上頭裝飾多列平行的斜排蝌蚪紋，兩端則雕成微微張口的龍頭形，整體像一條頭尾都是頭的龍形。玉器中間的上方穿有一孔洞，有穿繫繩索的功能。兩端龍口的內部雕琢成小圓圈狀，也具有同樣的作用。這種文物稱為「璜」，是一組腰佩飾的重要零件。這件製作精細，每一個蝌蚪逗點的小尾巴，都完美細心的琢磨出來，是中國玉器製造的高峰，戰國時代的優美作品。

這類弧形的玉器，在東南沿海地區，是距今六千年前以後的新石器遺址常見到的。兩端也大都有鑽孔，用途應該都一樣是作為身上的佩飾，只是西周以前的造型簡單，沒有繁縟的花

首尾有頭的穹身動物和彩虹降雨的信仰

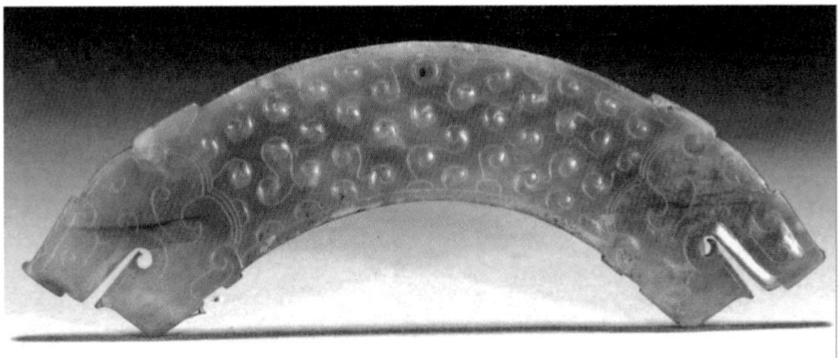

圖 3-15
長 11.6 公分，戰國，約西元前 475～221 年。

紋。使用的習慣上也稍有不同：從墓中的位置判斷，早期的璜兩端向上，被懸吊著；西周開始增加花紋，轉成兩端向下，兩端有兩孔洞可以繫掛其他如玉衝牙、流蘇等零件，意味著整組的玉珮變得更加繁複多件。

學者觀察到，良渚文化的玉璜很少和表現男性政治權位的玉琮、玉鉞共同出現，表明它們比較可能是女性的用品。女性較男性喜愛裝飾物應是合理的推測。不過，成組玉珮要求佩戴者步調緩慢而有節奏，以免玉珮相互撞擊的聲音紊亂。其謹慎的態度被貴族採用以表現其不從事生產，且雍容肅穆高人一等的形象，就成為男女通用的服飾了。中國命名第一個統治天下的「黃帝」為「黃」，**黃字的字型：**，就是璜的字源。（見本單元第四章）

玉璜的兩端本來都是平齊的，西周以後開始偏向

圖 3-16
山東嘉祥武氏祠左石室屋頂前坡西段的雷神出行施威圖，彩虹的形象與甲骨文的虹字相同。

雕成龍頭的形象，那是否有特別的意義呢？或只是形制比較美麗而已？**甲骨文的「虹」字：**，作一條首尾有頭的穹身動物形狀。虹是水蒸氣受到陽光的折射及反射而形成的自然景象，常在雨後出現，是只能遠看的虛像。古人不明白其物理，以為與降雨有關，所以商代的人想像虹為神物，有虹吸飲黃河之水的記載。雨是古代農業用水的重要來源，所以能夠降下雨的岳與河神是商代最重視的兩位自然神。

彩虹降雨的信仰最晚在東漢時代都還存在。山東嘉祥武氏祠左石室屋頂前坡西段，有如圖 3-16 的雷神出行施威圖，圖上有雷神、風伯、電母、雨師等神，還有雷公執錘與鑽，彎身在雙龍頭的穹身神物下打擊某人的景象。這可能表達遭受雷擊的現象。穹身的動物無疑就是彩虹的形象。《禮記・月令・季春》有「虹始見」。說明古人對於雨後彩虹出現時機的重視。

新石器時代的璜不但形狀簡單，而且彎曲向上，應該不是取形於彩虹。而西周以來的雙頭龍形璜，不但形狀相似，常見位置也與彩虹一致，其取形於彩虹應無疑義。《周禮・春官》：「以玉作六器，以禮天地四方。」禮北方的是玄璜，注釋者以為「半璧曰璜。象冬閉藏，地上無物，唯天半見。」，璜的長度約是圓璧的三分之一，從目前考古的現象研究，璜不是祭祀的玉器，可能單純只是因為七彩的虹相當美觀，所以才採取它作為服飾的形象。《周禮》的禮北方之說可能只是戰國人的臆測而已。

虹 hóng ＝ 虹

被假借為風，作一隻鳳鳥的形狀。

第六章

見劍如見我：代表貴族身分的寶劍

刀、劍的普遍使用，晚於長兵的戈、矛，商代的銅刀，一般刃部稍長，過二十公分，以砍劈的方式使用。就實用的觀點來說，如此短的兵器應以直刺較為有效。所以商代晚期就有了改革，開始出現尖刺雙刃。而以刺殺心臟為目標的匕首短劍，則至西周才逐漸增多。

到了春秋的中、晚期，由於騎兵的應用愈來愈興盛，有柄的戈不便攜帶和在馬上使用，短兵器的需求就越來越迫切。刀劍還有個好處，它可以佩帶在身上以備不時之需，不像戈戟不能騰出雙手來做其他的事情，在很多的時候不方便，所以刀劍後來甚至也成為士人常佩帶的東西。

鐵刀比較強力，是士兵的實戰用具，不必參與第一線作戰的貴族，就以銅或鐵劍作為他們身分的表徵。銅雖然也會生綠鏽，但無礙美觀以及質量。而鐵如果生鏽就會腐蝕，且損害美觀和效用，需要時時擦拭保養。這對貴族來說也是一種負擔，所以比起鐵刀，貴族更喜愛銅劍。既然銅劍成為代表身分的配件，當然不惜使用貴重的材料來裝飾，並且演變成為一種制度。東漢《說文解字》的琫字解說為，「佩刀上飾也。天子以玉，諸侯以金。」不過，圖3-18至3-21所示的玉劍飾出自廣州南越王墓。是南越王僭制，還是解說有錯誤呢？這都還不能肯定。

劍的玉飾共有四件，如3-17所示。銅劍上二件：莖首端或稱為琫，絕大多數作圓形，外向的一面有花紋，裡面還刻一圓凹圈以套合劍莖。手握處之上為劍格，或稱為劍鐔，用以保護手，都作凹字形而一邊有尖角狀。鞘上有二件；鞘旁為劍璏，有長方形孔洞用以穿過繩索佩帶。鞘底則為劍珌，只具裝飾的作用，但是最大件以及雕琢最美麗的零件。

存世的玉劍飾大都不是正式的發掘品，所以完整成套的不多。南越王的這一套，玉的質料一致，呈白色，表面也都有同樣的雜色沁和硃砂黏

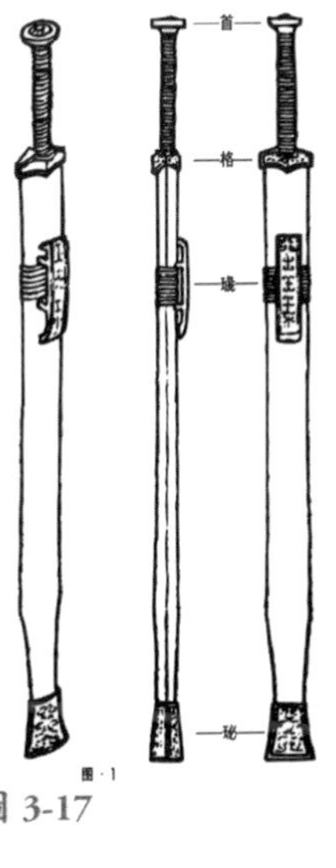

圖 3-17

成套的玉劍飾是王者的象徵

圖 3-18
雙連雲紋黃褐玉劍首（劍琫），徑 6.7 公分。廣州南越王墓出土，西漢早期，約西元前 200～150 年。廣州南越王墓出土。

圖 3-19
雙鳥紋黃褐玉劍鐔（劍格），徑 6.2 公分。

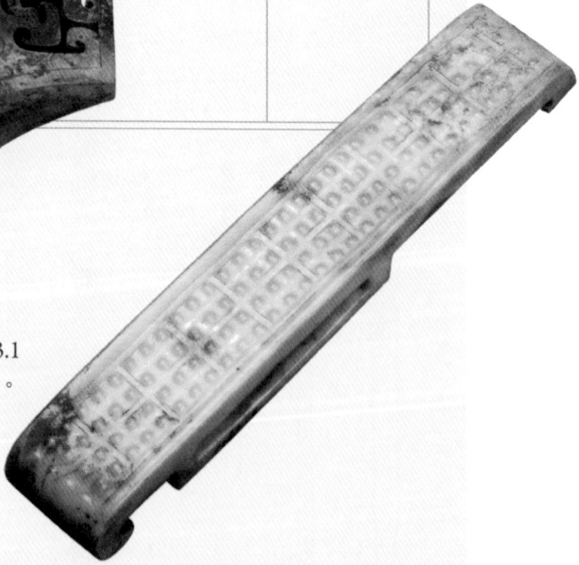

圖 3-20
乳釘紋青玉劍璏，長 13.1 公分。廣州南越王墓出土。

圖 3-21
乳丁紋黃褐玉劍摽（劍珌），長 7.1 公分。廣州南越王墓出土。

結。與其他精美的例子比較起來，
除了劍鐔的透雕部分，其圖案設計
並不突出，雕工也不是最細緻的，
但已是非常難得可貴的作品了。

圖 3-22
黃褐玉劍首，徑 5.1 公分，厚 1.0 公分，戰國晚期至西漢早期，約西元前 350～150 年。可能是從玉璧挖心的副產品。

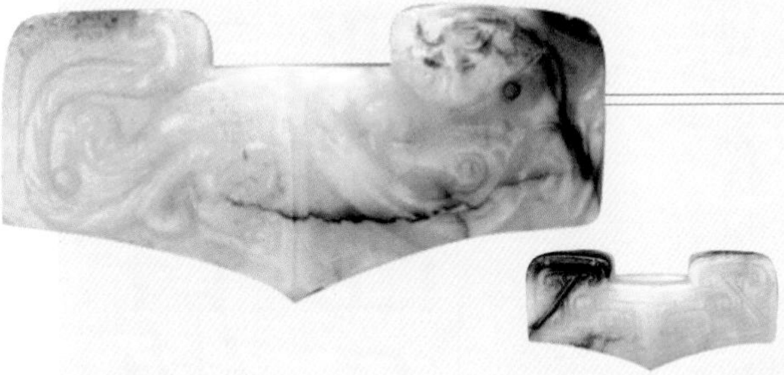

圖 3-23
動物紋青玉劍鐔（劍格），長 6.6 公分，西漢，約西元前 206～西元 8 年。

圖 3-24
變質為白色玉劍鞘旁飾，長 6.2 公分，東周，約西元前 300～200 年。

圖 3-25
灰綠玉劍鞘端飾，長 11.3 公分，戰國至漢，約西元前 350～150 年

第七章

在墓中放入玉石做的馬，是想騎著去哪裡？

圖3-26 這件玉雕的材料來自新疆的和闐，因為質料潔白有如羊的脂肪，所以被稱為羊脂玉。這種類成品幾乎都見於漢代的墓葬，因此或稱之為漢白玉。這件小型的立體玉雕有寬平的底座，應該是作為擺設使用，而不是作為佩帶於腰際的飾物。雕刻的主題是仙人騎馬飛翔於雲間。它的意義應該與東漢的踏燕奔馬銅立雕一起觀察。

這匹馬張口露牙，鼻頭翹起，眼睛張開前視，雙耳豎立，鬃毛經過剪短修整，屬於經過馴養而非野生的品種。馬的四足彎曲，兩前足抬起的高度不一，顯然是模仿奔跑的姿勢。馬所立的平底座板上，裝飾著雲彩，說明這匹馬是在空中奔騰飛翔的，馬的胸部也刻劃有大片的翅膀

策馬雲間遊
對成仙的嚮往

圖 3-26
高 7 公分，長 8.9 公分，陝西咸陽出土，陝西咸陽市博物館藏，西漢，西元前 206～西元 25 年。

紋，說明了它飛翔的能力。騎馬的人長耳尖嘴，頭髮往後披散，背後長有兩片外張的小羽翅，身穿下擺向兩旁分開的衣服，一手挽住韁繩，一手拿著一枝蘑菇。傳說中吃食蘑菇可以令人長壽，從這些形象來判斷，創造這件玉雕的用意已經呼之欲出：希求長壽，永生不朽。長壽與永生不朽在何處尋求呢？是在神馬才能到達的仙山裡。

武威的銅飛馬立雕（見

圖3-27）的造型也是要表達飛翔於天空的能力。天空虛無飄渺，難以具體表現，而馬奔騰時四足不在同一個高度，需要底座才能站立，因此設置了一個燕子的底座。燕子飛翔於天空，馬踏在燕子的背上，就表示馬也在天上，並且比燕子速度快才能踏上燕子的背部。

大部分的人只注意到設計者以飛燕襯托馬的奔跑速度，或以為是相馬術的標本，忽略了漢代的社會背景。中國從春秋時代開始萌發長生不死的念頭。西周的銅器銘文只見「子子孫孫永寶用」，希望他們的財富、榮耀能代代傳下去，並沒有祈望自己能活得長久。但是到了春秋時代，轉而希望自己活得長久，像「眉壽無疆」、「用祈壽叚永命」、「萬年無疆」、「用祈壽老毋死」等一類辭句大量出現，它意味著長壽似乎已變成是可以期望的事了。

根據西周時代墓葬中的死者年齡的統計，大部分死於二

圖3-27
銅踏燕飛馬
長45公分，高34.5公分，甘肅武威出土，甘肅省博物館藏東漢，西元26～220年。

十五歲到三十五歲之間，只有少數人能達到五、六十歲，而春秋時代則時有所聞活到七、八十歲的人。因為這時候醫學研究開始有了一些成績，製造的藥物的確有減輕病痛的效果，使得人們開始探索長生的方法，戰國時代更進而嘗試煉製不死的藥物。如果當時的藥物沒有實際的療效，相信人們不會突然興起要借重藥物以達到長生的奇想。秦國在七國中是醫療知識最為發達的地區，晉國國君有病時，常敦請秦國的醫生來治療。如果當時沒有普遍相信有能令人長生的藥物，大概精明的秦始皇也不會接受獻議，派遣徐福等大批人員入海求仙，求取長生的藥方。

漢代更加上陰陽五行學說的迷信，連日常生活也深受影響，成為中國最熱衷於求仙的時代。羽人的形象以漢代最為多見。薰香用的博山爐便標榜著仙山極樂世界，這是眾所周知的。還有一件一人騎馬的墓磚（見頁二七九），上有銘文「文山出馬，背子一日八千里」。說明這些隨葬的馬匹都是要背載主人前往不死的仙山，過著無憂無慮的快樂生活。

漢皇帝及高級貴族用玉殮衣，包含頭、上衣、褲筒、手套、鞋等，認為這樣可以保持屍體不朽。《後漢書・禮儀志》記載皇帝使用金縷，諸侯王列侯、貴人、公主使用銀縷，大貴人、長公主使用銅縷。並不完全對。首件完整玉衣發現於一九六八年河北滿城中山靖王劉勝和妻竇綰的墓葬。共使用二四九八片玉片，金絲一一〇〇公克。

第八章

象徵轉化新生的玉蟬

圖3-28這塊透明瑩潤的玉雕件，很容易看出是一隻蟬的形象，左邊是背部，右邊是腹部，細節都很詳細。蟬的頭部前端作山形交叉，有如丘字形狀，口呈鋸齒狀，眼睛圓鼓而外凸，翅翼呈外直而內彎曲，至端部成尖峰。腹部的尾端收縮成尖峰，並用十二道橫的陰線把能夠伸縮自如的腹部非常寫實地刻畫出來。這個時代的玉蟬，有時只有輪廓邊緣和背脊高度的簡化形象。而有時會格式化，以二道直劃、二道斜劃和四道短橫劃來表現蟬的兩片翅翼與尾部。

兩漢時代出土的玉蟬數量非常多，長度大都在五至六公分之間，發現於死者口中，作為七竅塞或九竅塞之一。為了防止死者的精氣外洩，人們使用玉塊把人體的孔道塞住。除了玉蟬，

蟬蛻龍變
棄俗登仙

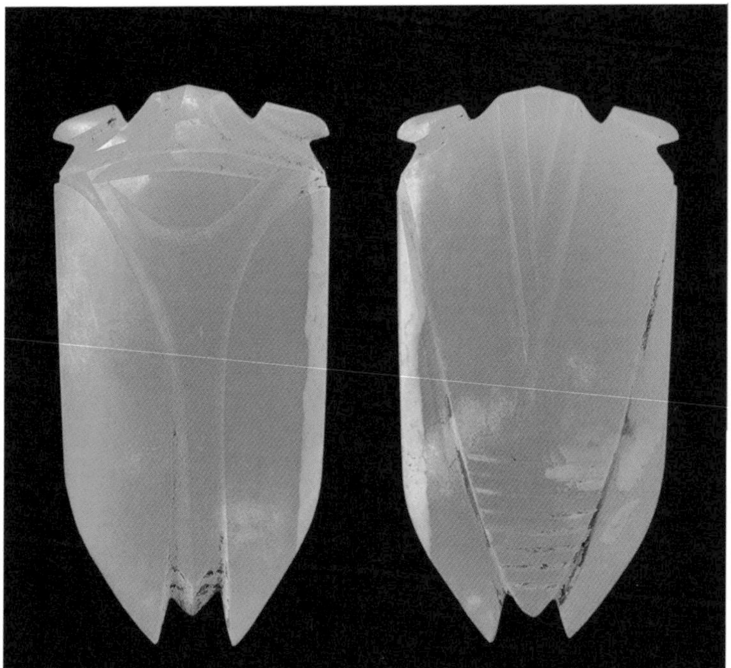

圖 3-28
長 5.7 公分，寬 2.9 公分，西漢晚期，西元前一至西元一世紀，江蘇揚州博物館收藏。

沒有其他的塞子雕成具體的動、植物形象，如此做是只因為寬扁的舌頭形狀與之相似，或別有意義呢？為什麼南北朝以後玉蟬逐漸消失？這都還有待解答。

蟬的種類繁多，有一千五百種以上。成蟬的體長在二到五公分之間，大蟬每年仲夏出現。因沒有明顯的進食動作，因此人們以為蟬只以露水為食。蟬的幼蟲入土變成蛹，經過數年的時間，五次脫殼才可以變為成蟲從土中鑽出。蟬常棲息於柳、楊、蘋果、梨、桃、杏等闊葉的樹上，平常不鳴不叫，在求偶或危險時才會有聲響，人們早已注意到蟬的出現。除了聒噪的雄蟬鳴聲，點綴了酷暑的季節，以及名為蟬衣的殼能入藥，用於治感冒發熱、咳嗽、音啞等症狀外，似乎和人類的生活沒有利害關係。一般說來，某樣東西會被取為某種意義的象徵，必然有其合於邏輯的原因。那麼，到底是什麼呢？

在西漢晚期之前，玉蟬出土量不多，東漢以後又很快消失，可見漢代的色彩特為濃厚。早在五千年前的紅山文化就已出現玉蟬，一件長七．五公分，寬三．五公分，高二．五公分，另一件長九公分，寬四公分，高三．五公分。有穿孔貫通首尾，兩邊還有一對穿孔與之相通，是一種佩帶物。其後的石家河、良渚、上海崧澤等文化遺址也都有發現，大都鑽有孔洞，可用於佩帶。但是安陽大司空村的一座商墓，就發現墓葬中人的口中有一件玉蟬，和漢代的用法一致。蟬紋是商代及西周常見的裝飾圖紋，因此它可能和早期的信仰有關，但是到了漢代才成為特別強化的習俗。漢代文物表達的最明顯信息，就是繼承前代的神仙世界、以及更強烈的長生不老希望，可能那就是玉蟬使用的原因。

生物都有生老病死、消沉與榮枯的過程，各民族也都有謀求解脫這種困厄的行為和希望。

死雖然是不可避免的，但千年蓮子可以再次發芽，人的靈魂也應該可以再生。漢代有神馬馱載靈魂前往神山的信仰，也有借蟬的脫殼，表達讓老弱的軀體轉化新生的希望。中國古代的文學作品裡，到了漢代才將蟬的脫殼現象作為脫胎換骨、破舊立新、進入更高人生境界的比喻。《史記・屈原賈生列傳》有以「蟬蛻於濁穢，以浮游塵埃之外」之文辭讚美賈誼。《文選》夏侯湛〈東方朔畫贊序〉更有「談者以先生噓吸沖和，吐故納新。蟬蛻龍變，棄俗登仙」的話語。為來生謀求幸福的觀念老早就有，所以有豐盛的隨葬品。漢代人特別信仰神仙，可能是在生前以玉蟬作為佩帶或賞玩物，死後以之作為填塞嘴巴的口琀，希望軀殼雖然滅亡，靈魂卻可脫離，進入另一個令人期待的快樂生命。東漢以後，魏文帝不許再行盛葬，以九玉塞九竅的習慣就消失了，大概就改以飯糰代替玉蟬了吧。

第九章

佩戴玉珮，就可以長生不老？

圖3-29 這件有灰黑色暈斑的青玉器，呈現十二面的棱柱形狀，下部中心有穿孔，但沒有穿透頂部。在其中一面的下部有一孔洞與中心的穿孔相通。每一面都陰刻三個篆文，有時多一重文的記號（＝），全文為：「行氣天，天則畜。畜則神，神則下。下則定，定則固。固則明，明則長。長則退，退則天。天其本在上，地其本在下。從則生，逆則死。」是一篇關於行氣健身的綱要。

行氣健身的祕訣

圖 3-29
行氣銘玉剛卯，高 5.2 公分，徑 3.4 公分，天津市歷史博物館藏。
戰國，西元前 475～221 年。

這件玉器的用途很難猜。從尺寸和設計上看，可能是用來佩帶的。雖然中心的孔不貫通，但與下側面的小孔相通，顯然是為穿繩佩帶而設計。文字雖是倒懸的，但可能其功能並不在乎文字的正反。玉器的使用大致經過幾個階段；在還未有階級前，是因其美麗而被作為裝飾身體的飾物。一旦階級形成了，就因為材料罕見而作為高級貴族的地位表徵。當材料增多而擴及到一般貴族時，就賦以君子的種種德性。一旦全民使用，就轉變為避邪，或恢復其原先的美觀功能。這件玉器看起來並不是作為裝飾或地位的表徵，因此最有可能是為了避邪一類的功能而製作的。

漢代王莽禁止佩帶剛卯，因為漢朝皇帝姓劉，剛卯暗含劉氏剛強的意義。根據顏師古引服虔注，剛卯用玉、金或桃木在正月卯日製作，長三寸，廣一寸，四方，上刻有避疫癘的銘文，穿以絲革佩帶。這件玉器的形制、功能與之相似，可能發展自同一個習俗。

玉器上的銘文可以算是中國有關氣功的最早記載。講述練氣要順其天然，循序而進才能延年長壽的綱要。生老病死是人類自古以來就得忍受的痛苦。人們不會作無根據的幻想，也不會長期相信沒有成效的東西。古人興起長壽的念頭就一定有其原因。

一個社會的醫學水平反映於其平均壽命。西周時代活到五、六十歲的人，只占人口的百分之七而已。但是到了春秋時代，活到七、八十歲已很平常，如孔子、孟子、荀子等人。在這之前，治病醫疾是巫者的任務，藥物只是在巫術之外，用於輔助。這個時代則巫與醫已分職，有「信巫而不信醫則不治」的議論，開始探索長生之道。

自然界有些奇異現象，如海市蜃樓的幻境，會讓人有仙人生活於海上而不可及的信念。有些藥物的藥效讓人昏昏欲睡，或精神奮

圖 3-30

圖 3-29 剛卯銘

亢、恍恍惚惚。後者常讓人產生幻覺而有成仙欲飛的感覺，因此戰國時代就更進而嘗試煉製不死的藥方，或到高山與海中求仙的舉動。

令人不死的藥物與仙人畢竟不可實現，又促使人們另闢途徑。戰國末期正好陰陽五行說開始盛行，就嘗試兼用呼吸、卻穀、導引等方法以達到期盼的效果。這件玉器應該具有避邪與長生的用意。

不敢馮河

肆、占卜與預知——不敢暴虎，不敢馮河用骨的歷史

(一)神祕的骨占卜，只出過一次錯？

(二)對「龜」的崇敬，和龜甲占卜的興起

(三)「戲」字的由來與打虎表演

用骨的歷史

人類最早利用來製作工具的材料應該是石頭與木頭。而動物的骨與角，有堅實硬韌等適合打造工具的性質，又是食物的副產品，隨地存在，所以應該也是人們甚早利用的材料之一。骨與角破裂的邊緣頗為尖銳，是能用於挖掘、刺殺的天然工具及武器。當遠古的人們利用石塊敲碎骨頭以吃食其中的骨髓之時，就發現了這種特點並加以利用。中國人大約在十萬年前的遺址就發現了磨製的骨製品，表明人們對於骨與角質料的認識又比以前進了一步，知道刮磨骨角可以成為更稱手的工具。

骨質輕硬而耐磨，但限於本身的形狀，大半製成細長或是寬平等石材難以打造的東西，如錐針、箭鏃、魚鏢、人身裝飾品一類的小物件等。在漁獵的時代，因為獵獲的動物多樣，所以取用的材料也遍及各種動物，比較廣泛。但是到了農業發展的時代，狩獵已不是維生的主要方式，所以會因方便而就近向家畜取材，大型的家畜中又以牛最為適合。西周一座骨作坊出土四千多公斤骨料，鑑定約取自一千三百頭牛以及二十一匹馬。

牛骨在商代最重要的用途大半是占卜問疑，這可以從**「骨」字的字型：**看出，它表現的是一塊已經修整完畢，可以作為占卜的肩胛骨形狀。此字在商代也作為禍字使用，因為占卜是為了預先知道災殃禍福而問的。骨卜的習慣在中國已有五千多年的歷史。古人認為鬼神有特別的能力，可以幫助人們解決困難，所以渴望得到鬼神的指示，確定合宜的行動方針，避免做錯事情，導致災難的發生，所以要問卜以解決疑惑。

他們認為骨頭有預知未來的神力，燒灼之使剝裂成為紋路，從紋裂的形狀就可以顯示答案。早先所用的是較大型的動物，像牛、羊、豬等，但到了三千多年前的商代王室，就專用牛肩胛骨與龜甲問卜，並在其上契刻貞問的辭句，即所謂的甲骨文，是中國最早的文字記載。

商以前的骨製品多樸素無紋。到了商代，雕骨手工業因為普遍使用鋒利的青銅刻刀，雕花容易而較為興盛。

商代的骨製品以日常小型用具如笄、梳、錐、針、匕、銜、哨、鑽、鏃等及裝飾品為主。但讓人印象最深刻的是少數大墓中以精細有力的線條，刻畫各種繁雜圖案的骨器。這類東西除了少部分是筒、皿的器形外，絕大部分做成或彎或直的寬長條形。有時整體滿布花紋，其繁縟及細緻的程度遠勝於玉器及木器上的花紋，有時還塗漆或顏料，甚至嵌鑲綠松石，可以說是非實用性的藝術作品。而且此種骨雕的形狀及尺寸，多不像是家畜類的，其中可能有不少是田獵捕獲的紀念品，可惜從斷片很難確定它們是何種野獸的骨頭。

當時生產最多的應該

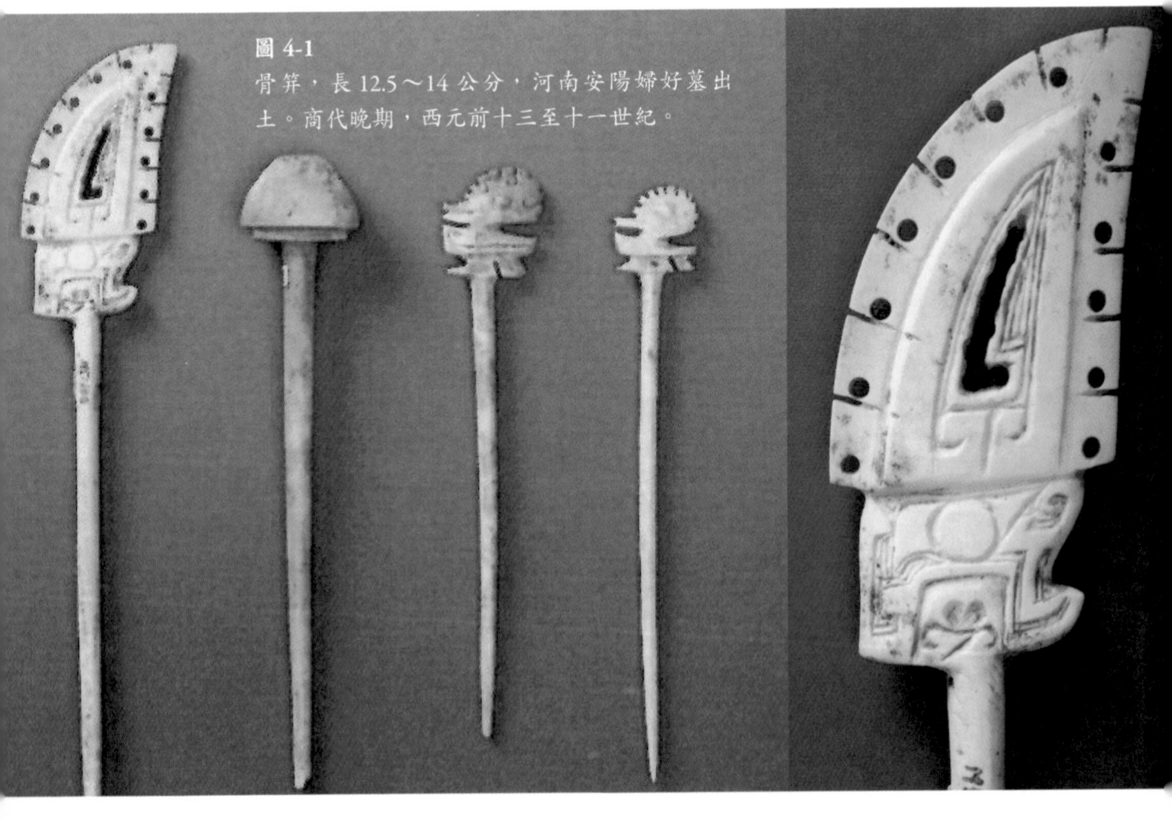

圖 4-1
骨笄，長 12.5～14 公分，河南安陽婦好墓出土。商代晚期，西元前十三至十一世紀。

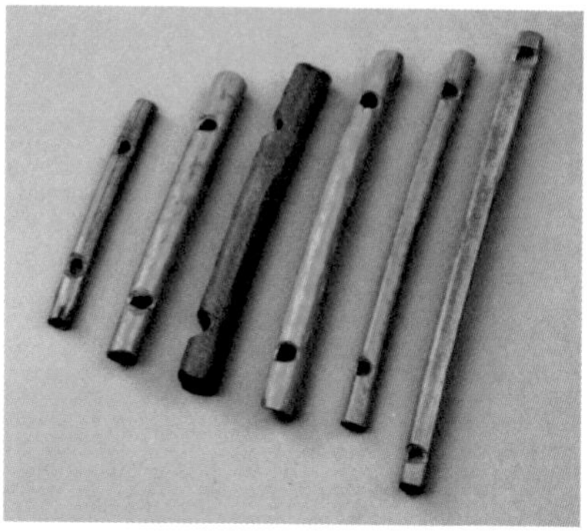

圖 4-2
骨笛，長 6～10 公分，河姆渡出土，六千多年前。禽類的骨管所製成，管內還插一根可以移動的肢骨，用以調節音調。

是如圖 4-1 的骨笄（ㄐㄧ），細長的柄部插入頭髮以固定髮髻，稍大的端部則是顯示在外作為裝飾用。當時的成年男女都要結髮，需要以笄束括住使頭髮不會鬆散。男的只需一支，但盛裝的婦女就需要多支。在一座商墓葬裡，就發現某位婦人頭部周圍遺留下數十支髮笄。有時一個墓葬的骨笄陪葬數目竟達五百，可想見當時大量的需求。簡陋的骨笄沒有半點雕鏤，但高貴的骨笄，端部就有繁縟的雕刻。常見雕成繁簡不等的鳥形狀，最大型繁縟的就像是圖 4-1 左，有高聳羽毛的鳥或人頭形，環列在羽冠兩旁的十二個鑽孔可能還繫掛色絲、響鈴一類的裝飾。其價格不但昂貴，恐怕也不是一般人所能夠隨意服戴的。在階級分別嚴明的社會，衣飾是最常見的地位表徵，所以一般的小墓葬見不到雕刻繁縟的髮笄。

在有階級的社會，普遍習慣以罕見的財物炫耀權位，捕獲大型的野獸或敵人的寶物都不是一般人能夠做得到的，也唯有位高權重者才有足夠的財力，延請工匠製作這種觀賞用的東西。到了東周時代，不知是因為畜產減少，還是因為木器塗漆、玉器雕琢和金屬鑲嵌等技術獲得很大的改進，可以使用這些材料製作更為精美的器物，因此骨飾品到此時的製作，就大為減少了。

商代骨器的製作，主要為大眾化的廉價產品，並不美觀。繁縟的骨雕又幾乎都是斷片，也得不到一般古董家的愛賞。所以甚少被博物館及私人收藏。

骨 gǔ ＝ 骨

它表現的是一塊已經修整完畢，可以作為占卜的肩胛骨形狀。

第一章

神祕的骨占卜，只出過一次錯？

今天人類已經能往返月球，探測千萬里以外的星球，對很多怪異的現象都能給予科學性的解釋，知識較之古人不知要淵博多少，但是很多人的心態還是和古人相去不遠。譬如說，我們現在也還有很多人希望借助超自然的力量去迴避災難或獲得幸福。因此有人觀察茶葉浮沉的情況，或砂上動物的爪跡以為吉凶預示的機制。中國古人也因為同樣的目的而向甲骨的神靈請教。

古代的中國人相信骨頭有神靈，能夠預知未來，也願意回答人們的詢問。中國大致在西元前三千四百年開始出現骨卜，但是要等到七、八百年之後的商代才大量使用。古代會使用骨卜

用兆紋來推測命運

圖 4-3
牛肩胛骨上的甲骨文，最長 25.8 公分，現藏加拿大皇家安大略博物館。商代，公元前十四至十一世紀。

的地區範圍廣大，包括現今的山東、江蘇、熱河、遼寧、吉林、河南、陝西、山西、四川、內蒙古、甘肅等省。但從發現的頻率來看，比較常見於東方的文化傳統。骨卜習慣在商代達到最高峰，目前已發掘出至少十多萬片刻字的甲骨，包含各種哺乳類，如牛、羊、鹿，甚至人的骨頭。但商王室幾乎只使用牛肩胛骨與龜甲問卜。

貞人以骨頭燒灼後所

顯現的兆紋走向，來判斷提出問題的答案。骨頭在使用於占卜前要經過特別處理，那是一般人不知道的祕密。依據今人的實驗，若處理不得法，則幾乎是燒不出兆紋來的。關鍵在於去除骨頭中傳熱的骨膠原而不顯露出痕跡來，令燒灼的熱能集中在一處，不會快速向四周傳導，從而造成收縮拉力的不平衡而裂開。普通人沒有用特別處理過的骨頭，所以燒不出兆紋。巫師能做一般人做不到的事情，所以被認為有法力。

根據古代的文獻以及遺存的習俗，現在知道當時占卜之前要先與骨頭做口頭的約定，確定兆紋走向所代表的意義，然後才開始燒灼顯兆的步驟。答案的是與否或對與錯，就根據事先約定的含義來推測。譬如說，如果約定兆的橫紋向上走表示肯定的、對的，向下走表示否定的、錯的；那麼兆紋一顯現，對錯的答案也就立刻出來了。根據實驗，兆紋的走向是能控制的，意即可以操縱占卜的答案。

由於兆紋只能以是與否回答，問題就只能以可以回答是與否的形式提出。例如：今天下午會下雨嗎？應否使用燒豬去祭祀某神？複雜的事件就要經過相當多次的占卜，才能得到完全的答案。一場活動往往要卜問二十次以上，有時同一個問題又會反覆地貞問。每一次占問又得經過繁瑣的手續。不用說，這是相當費錢和費時的措施，不是一般人能經常做的。

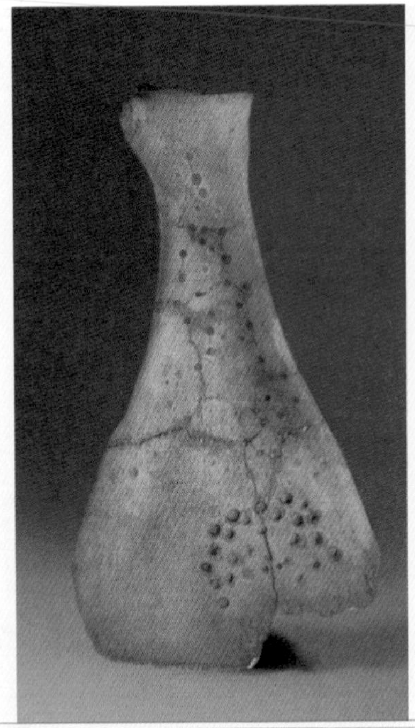

圖 4-4
全骨的形狀，高 26.5 公分，鄭州。

現在我們明白骨頭沒有神力可以預知未來。但是不知道為何，商代的卜辭很少見到錯誤的預示。圖 4-3 這版肩胛骨上的刻辭是迄今所知唯一占斷錯誤的乩辭例子，其刻辭譯成現代話語則為：「丙午卜，某貞：呼堆往見有堆？王占曰：『唯老唯人，途遘若。』茲卜唯其害，二旬又八日至壬寅，堆夕死」。大意講商王看了兆紋的走向而判斷堆在旅途中會順利完成任務，哪曉得結果竟是不順利而客死途中。

第二章

對「龜」的崇敬，和龜甲占卜的興起

中國古人一定覺得烏龜很神奇。因為牠能儲藏大量的氧氣，水分及食物。有些人認為烏龜有堅甲的保護，可以不食不動的生存二十年。中國人很崇敬龜。戰國時代以龜與龍、鳳、虎合稱為四靈，代表四方及四季。烏龜所代表的是北方與冬季。由於龜的習性與道家的養生、清靜、無為、純真、長壽的理論和目標相合，所以玄武（蛇纏繞龜）就被選為道家的真神而賦以持劍披髮的人形。

中國人從很早開始就意識到龜的種種異能，並且崇拜牠，相信牠有某種魔力。距今七千五百年前的墓葬中就能發現龜殼，有些裝有不同顏色的小石粒，搖動就嘎嘎作響，大概以之作為

偉大神靈的指引

圖 4-5
長 16.2 公分，現藏加拿大皇家安大略博物館。商代，西元前十四至十三世紀。

施行儀式的法器。

中國骨卜的習慣始自五千多年前。人們相信骨的精靈有預知未來的能力。到了商代才用龜甲問卜，從文獻及使用的情形看，可能還認為龜卜比起骨卜更為靈驗。其原因可能是基於龜甲有海棉體組織，較不容易人為控制兆紋走向的事實。兆紋的走向是答案是與非的主要依據，人難於控制的事物才顯得出神靈力量的偉大。

商代的王室對龜卜很有信心，所以從幾千里外的南海進口大龜甲。這件龜版的背面有刻辭，記載哪個方國進貢這片龜甲以及由何官員進行占卜之前龜甲整治的工作。

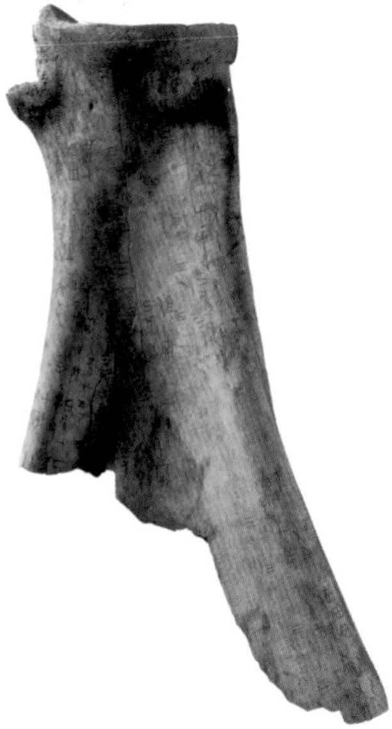

圖 4-6
商代第四期卜骨，長 27.5 公分，安陽小屯南地，西元前十二至十一世紀。

第三章

「戲」字的由來與打虎表演

圖 4-7 是一件很特別又富有紀念性的文物，它是商代最後一位國王，紂王的獵虎紀錄和展示物。骨的正面利用骨橋上的彎曲刻著一隻蓄意攻擊的生動老虎，接著依序而上是兩層饕餮紋，一層簡省的龍紋，最後是三角形的蟬紋。反面有刻辭「辛酉，王田于雞麓，獲大烈虎，在十月，唯王三祀劦日。」以現今的文字翻譯，意思就是：「王在第三年舉行劦組（周朝的一種祭祀活動）的祭祀期間，在十月辛酉日這天，於雞麓田獵，捕獲大烈虎。」依書體風格、字形以及曆日，可以推知此王為紂王。

這件虎骨兩面的紋飾和銘文都嵌鑲著貴重的綠松石。在虎骨上雕刻美麗花紋作為展示的商

戲劇的開端
與虎搏鬥

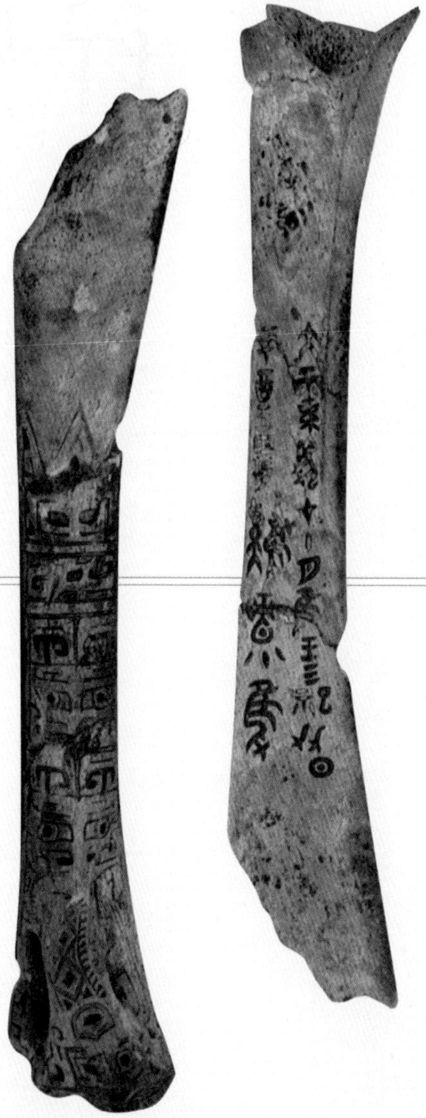

圖 4-7
虎骨刻辭，長 12.2 公分，加拿大皇家安大略博物館藏。商代晚期，西元前十二至十一世紀。

代藝術品本就不多見，而有刻辭於其上的，這件是迄今所知的唯一，又是商王所捕獲的。經古生物學家的鑒定，也確定它是古代一般成年老虎的前膊骨。

虎是貓科最大的動物。不計尾巴，身長可達二公尺，重二百公斤以上。牠是一種凶猛的野獸，有強壯的身軀、銳利的爪牙、敏捷的動作，是亞洲野獸之王。**甲骨文的「虎」字：**，就作一隻軀體修長，張口咆哮，兩耳豎起的動物形象。老虎對於人和家畜都能造成生命的威脅，是中國境內最具危險性的野獸。在古時候，一個人如果不靠設陷阱或下毒，想要用武器獵捕老虎是很不容易，且具有相當危險性的。**甲骨文的「虣」字：**，是用一柄戈對著一隻老虎的形狀，意思是不設陷阱而以戈搏殺老虎，是一種魯莽粗暴的行為。此字後來被暴字所取代，即《詩經・小雅・小旻》的「不敢暴虎，不敢馮河。」暴虎是以武力去對付老虎，馮河是不帶漂浮物而強行渡河，都是不經思考、無理智的舉動。

但是對於擁有大量徒眾的商王來說，捕獲老虎並不是那麼難的事。甲骨的第五期，即帝乙和帝紂的時代，就記載過好幾次捕獲一或二隻老虎的成果。但唯有這一件有銘文，想來其他幾次都是眾人合力所得，只有這次紂王親自參與，或者甚至是捕殺老虎的主力，所以特別強調其事，用以展示他的武力。《史記・殷本紀》說帝紂「材力過人，手格猛獸」，或許是基於事實的

圖 4-8
漢畫像石上的戲虎圖。

記載。

如果有人想誇示其膽力及勇氣，在上古恐怕沒有比跟老虎搏鬥更具刺激性的場面了。所以扮演搏鬥老虎的故事劇，甚至是與老虎真的搏鬥，就成了古代一種很有號召力的娛樂節目。漢代就有「東海黃公」的記載，敘述一人年輕的時候以表演徒手搏鬥老虎為職業，到了年老的時候竟不知身體已衰弱，還帶了刀子上山要去捕捉老虎，結果反而被虎吃掉了。對這種故事的興趣，令人們也因此將之編成有科白、化裝、舞蹈的戲劇。**金文的「戲」字：**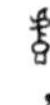，就是由老虎、戈以及凳子組成，想是表達一人持戈表演刺殺高踞的老虎之意。**甲骨文的「虣」字：**，則是更為驚險的雙手扭鬥老虎的樣子。這些都可以證明此種表演從很早之前就有了。

圖 4-9
骨柶斷片。最長 13.1 公分，加拿大皇家安大略博物館藏。商代，西元前十三至十一世紀。

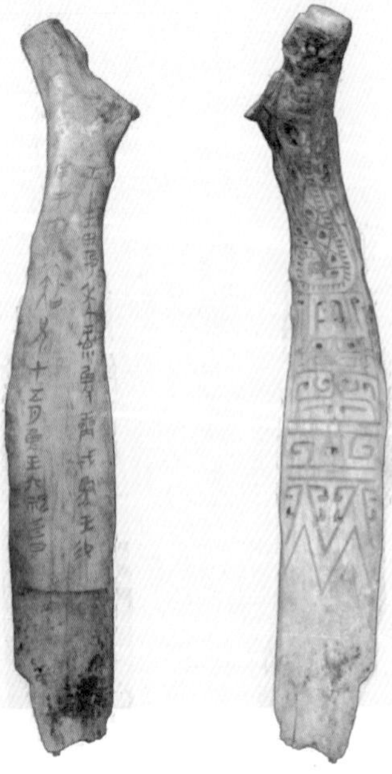

圖 4-10
嵌鑲綠松石骨雕，長 27.3 公分，寬 3.8 公分，晚商，帝辛六年，西元十二至十一世紀。為捕獲犀牛的記錄。

虎 hǔ ＝ **虎**

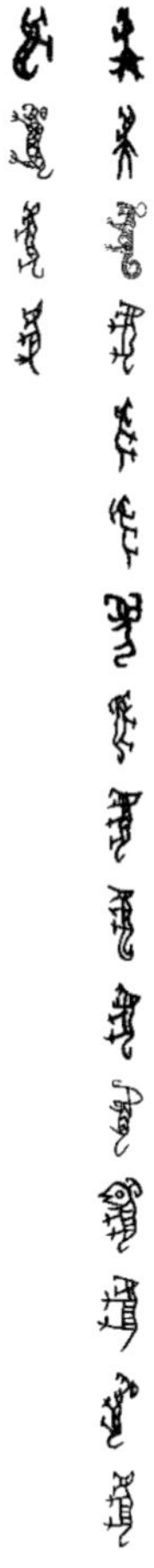

作一隻軀體修長，張口咆哮，兩耳豎起的動物形象。

虣 bào ＝ **虣**

是用一柄戈對著一隻老虎的形狀，意思是不設陷阱而以戈搏殺老虎，是一種魯莽粗暴的行為。

戲 xì ＝ **戲**

由老虎、戈以及凳子組成，想是表達一人持戈表演刺殺高踞的老虎之意。

虢 guó = 虢

更為驚險的雙手扭鬥老虎的樣子。

同場加映

伍、同場加映

(一)騎馬上天：對星空的浪漫想像
(二)只有豪宅才用得起的陶瓦
(三)古代玻璃的使用
(四)自古就貴重無比的黃金

第一章

騎馬上天：對星空的浪漫想像

磚瓦是燒陶的進一步利用。早在六千多年前的仰韶時代，人們就知道燒烤能使地面變堅硬，既方便行走又防潮，讓居住更舒適。將燒陶工藝利用在建築上的作法，早期有龍山時代的陶製下水管，之後有西周初期覆蓋屋脊的瓦，但出現的機會還是比較少。春秋以後，大概因為燒陶費用的降低，漸漸有能力普遍用之於建築。

或許是受到燒烤地面的啟發，在西周初期的遺跡中有發現陶製的磚板，其底面的四個角落各有半個乒乓球大的乳突一個，作用是像扒釘一樣讓它能嵌緊在泥土層上，防範雨水侵蝕泥土做成的牆跟。秦咸陽宮殿還出土了帶有子母榫的鋪地磚，進一步解決了地面潮溼和平整的問

墓葬中蘊含的神仙思想

圖 5-1
高 34.7 公分，現藏加拿大皇家安大略博物館。西漢，西元前一世紀。

題。不過當時被認為最高貴、最費工的大型建築物的地面，絕大多數仍是使用夯打的方式造路。以陶磚鋪地的方式在秦代以後才逐漸普及，比如圖 5-1 這件實心且有圖案的瓦磚，就被黏貼在漢代的磚墓室表面，除了一般的功能外還兼具裝飾的效果。

圖 5-1 這件西漢時期製作的裝飾意味濃厚，並帶有高度象徵意義的墓磚，其燒造目的除了取悅滿足躺在墳

墓中的魄，同時也是為了保護引導精靈的魂前往西天轉世，並且向世人展示死者的功德與地位。上面的圖案是利用四塊模子壓印出來的，表現了漢代人眼中的宇宙觀。邊框是代表南方神靈的朱雀，具有吉祥的意義。中央的主題圖紋中，最下層的三格是獸首，或是頭戴面具的威武神靈，負有保護墳墓不受到妖邪侵擾的任務，代表地下的境界。中間的三格則代表人間的境界，顯示二人進行象徵士人最高學養的射箭競賽，基台很高的二層樓建築，既是貴族們誇耀的家居，也是崇拜鬼神的禮敬場所。屋頂上的兩位神仙，則代表長久以來人們希望長生不死的欲望，也是死者在人間所作功德的見證。最上列的三格代表天上的境界，表現出神山上的一匹天馬將要運送死者不朽的靈魂上天。旁邊帶有銘文：「文山出馬，背子一日八千里」，可視為和漢代騎馬的羽人玉雕及踏燕飛馬的青銅立雕一樣，希望飛馬快速背負死者的靈魂前往投胎，或前往仙人所居住的極樂仙山裡翱遊。

在戰國與漢代的墓葬裡，除了高山與駿馬的圖案寓有神仙的思想外，日月星象與流動的雲氣也具有同樣的意義。日月星辰的運行與季節和方向都有絕對的關係，人們既以之作為季節來臨的依據，生活作息也配合著自然變換。日月星辰的運行，風雲雨雷的發作，似有規律，但又變化多端，很難預測它的變化。當它們發威的時候，無人能抗拒；但有時又幽靜而溫馨。多變的氣候和玄妙的天空，使人們對它充滿疑惑、敬畏、羨慕、感激等矛盾的複雜感情。因此世界各民族都對神祕的天空發想了各式各樣的神話，想像天上有一個神仙居住的美好地方，可以倖免於人間各種困厄與不幸，所以在人生終結時，將這種對天上的嚮往，表現在隨葬的裝飾上。

第二章

只有豪宅才用得起的陶瓦

早期的人類借用天然的洞穴或大樹棲身，後來慢慢發展出修建的住屋。最開始建造的是超過一個人高度的深穴居，用木柱架設屋頂以遮風避雨，有蓋可以開闔以方便進出；更完善的設計還有斜坡，出入不必攀援階梯。再進步一點就是把建築完全移到地面上，做成有牆壁的構築。到了商代甚至出現二層的樓房。人們一旦物資充裕，就會開始想裝飾自己的住家，好讓家人住起來更舒服。而且當階級區分出現，也要修飾屋子的內外，以表現其高人一等的社會地位。

屋脊是屋頂的交接處，在防漏的效果上一定比其他的部位差，所以必須想辦法用不透水的東西覆蓋住，陶瓦就在這時出現了。陶器本來不是為了裝飾目的而燒造的，直到西周初期，可能是因為燒陶的技術提高而使成本降低，因此才能開始製作一些兼具裝飾用途的陶器。在岐山的宮殿遺址裡就發現了陶瓦。根據瓦的形狀及屋頂的殘泥去推測，可能是因為當時支柱的承受力有限，因此只有屋脊才使用瓦片覆蓋，屋頂還是以茅草束為主，並抹上泥土加強，稍具避風防漏的效果而已。**小篆的「瓦」字：**，就是作兩片瓦互相扣合的樣子。以先秦時代的瓦片形狀推論，應該就是以屋脊的覆瓦去發想出來的。到了春秋時期更出現了板瓦與筒瓦，連屋頂也開始用使用瓦片覆蓋。《春秋》魯隱公八年（西元前七一五年）記載：「宋公、齊侯、衛侯盟于瓦屋」。特別說明會盟的地點是在瓦屋，而不提是周地的溫。可見當時那是可以作為地標、人盡皆知的地點。被當作奢華裝飾的瓦片，絕不是一般人所能用得起的。

圖 5-2
夔鳳紋陶瓦當，寬 40 公分，秦始皇陵採集，西元前 221～207。

社會地位的象徵

華麗的居家裝飾

圖 5-3
口徑 15.5 公分，秦始皇陵出土，西元前 221～207 年。

板瓦具有防漏的實用效果，但筒瓦卻是為了美觀而設計的。就像圖 5-3 所示的這件，呈半圓形的長筒覆蓋在屋頂的邊緣，有雲紋的圓盤朝外，與地面垂直，使地面上的人們可以見到其圖案。此種圓盤有時做成半圓形，上頭裝飾著幾何形、花草、神怪、動物和文字等圖案。文字除吉祥語言外，大都是宮殿的名字。漢之後更進一步，屋脊的兩端也裝飾起魚或龍尾形的陶塑，稱之為鴟尾；後來演變為張口、魚尾獸首的鴟吻形式，藉著造型的寓意，期待有預防火災的作用。

以陶瓦覆蓋屋頂雖有防漏的效果，但陶的質量重，若覆蓋太多，木支柱會承受不起。戰國時發明斗拱，以木塊前後左右挑出的臂形橫木交互疊合，把它們承托在橫樑與主柱之間，屋頂的力量因此而能平均分配到承托的橫架上，藉以承受更大的重力。因為這種新設計的誕生，而漸漸能有更複雜的重檐四合屋頂結構，足以架設更多華麗的裝飾以增加

圖 5-4
天降單于紋陶瓦當，徑 17.1 公分，包頭市出土，西漢，西元前 206～西元 24 年。中間的釘孔是為了將之釘牢於屋頂的木格上。

圖 5-5
菱形幾何紋鋪地陶磚，長 43.5 公分，寬 31.5 公分，山東臨淄出土，戰國，西元前 403～221 年，中國歷史博物館藏。

圖 5-6
太陽雲紋磚，長 44 公分，咸陽一號宮殿出土，秦，西元前 221～207 年，咸陽市博物館藏印花鋪地磚，菱形四方連續，中太陽，四周雲紋，紋飾工整細膩。

圖 5-7
方磚，長 33.5 公分，厚 5.3 公分，咸陽市出土，西漢，西元前 206～西元 24 年，咸陽市博物館藏。對角安排雲雷與迴紋，樸素大方。

房子的壯觀，因此除正脊之外，高大建築的其他垂脊也開始使用遮蓋，演變成為各種蹲獸的裝飾。宋代有發現具有八個列獸繪畫的屋頂，清代則規定最多可以裝飾九獸，從上而下依次為龍、鳳、獅、海馬、天馬、狎魚、狻猊、獬豸、鬥牛，再加最前端的騎雞仙人，構成一組十分華麗的屋角裝飾，也成為中國大型公眾建築物形象的特色。

瓦 wǎ = 瓦

兩片瓦互相扣合的樣子。

第三章 古代玻璃的使用

在現在，玻璃是很便宜的東西，但在二千多年前的中國，因為大部分玻璃是遠從中亞進口的，因此它可能比金玉更要貴重。玻璃於距今四千五百年前就已出現於兩河流域及歐洲，其多彩而鮮豔、光澤而晶瑩的特點是古代其他材料所比不上的。但在中國，它並沒有得到很好的發展。有可能是因為其他材料的工藝過於發達，阻礙了玻璃工藝發展的機會。也有可能是因為它不易製作、產量少、造價高昂而又容易破碎。除了製作飾物以及禮儀用具，很少實用上的價值，才發展不起來。

玻璃的主要原料是矽，熔化後成為白色透明體。加上各種金屬的氧化物或其他物質，就可以製造出多種帶有深色、光豔的色調。以圖 5-8 的這些珠子為例，先挖出一個淺窪坑，然後填

通體琉璃 多彩照人

圖 5-8
最大直徑 3 公分，加拿大皇家安大略博物館藏。東周，約西元前五至三世紀。

上一層色彩，再以同樣方式一一加上不同的顏色，最後磨拭修飾。為了呈現多彩，有時還會把珠子製成怪異的多角狀，可以想見過程頗為費工。春秋時代的珠子，形狀與化學成分都與歐洲的一樣，應是進口的。但是戰國時代含有鋇的半透明玻璃，卻是中國所獨有，應是中國自行研發的。

煉銅的廢渣含有矽，理論上可能產生副產品的玻璃。西周遺址有出土類似玻璃的成品，管內有時留有陶土和草秸紋。推測是以銅絲包裹土料作芯，然後以芯捲取熔化的玻璃加工成為管、珠的形狀，所以才在內壁留下了未清除乾淨的黃土以及草秸紋痕跡。最初可能是在煉銅排除廢渣時，偶而拉出玻璃絲，或遺落於地上而凝結成玻璃小塊，才引起人們注意這種呈淺藍色而有光澤的新物質，因此才以礦渣混合粘土低溫融煉出玻璃來。但是以這種方法煉出來的玻璃，相當容易腐蝕與褪色。也許西周時代的玻璃是因為成色不美、成品不精、易於褪色而被人們放棄的。春秋時才有少量從外域引進的高質量玻璃。戰國時中國製造出獨有的含鉛、鋇的半透明玻璃，它有玉的溫潤感覺，頗合中國人的要求，因此大量製造，很少再從西域進口。

戰國時代是中國自製玻璃的興盛期。成品多樣化，除前期的淡綠、淡藍色小管珠外，又有青色的璧、帶鉤、蟬，多種顏色相疊的蜻蜓眼珠、藍綠色鑲片、劍珌、劍首、劍璏等。大都是小件或鑲嵌零件，作為與金玉等價值的貴重裝飾品和權位的表徵。到了漢代，玻璃的應用略廣，出土各種帶有藍、黃、白、褐的串珠、鼻塞、耳塞，甚至是容器。

戰國時代玻璃製造最盛，文獻卻未見提及。也許是因為當時另有名稱，也許鉛、鋇系的玻璃溫潤光滑而與玉的外表非常相似，所以中國人以之當作玉或仿玉，把它歸於玉類，沒有給予固定的專名，所以才沒有反映於文獻中。

玻璃因為類似玉而被看重。東漢以後，因戰亂影響社會不再重視禮儀，玉雕工藝衰微，連帶仿玉的玻璃工藝也因此衰敗。但是西洋的鈉玻璃是清亮而透明的，有鮮豔的色彩。《魏略》說大秦（羅馬帝國）的玻璃有青、黃、黑、白、赤、紅、縹、紺、紫、綠十色。顯然比中國的成色多。而且鈉玻璃的流動性大，耐冷與熱，不容易破裂，能夠製作容器或大件物品，不限於小件裝飾品，如《西京雜記》所說，昭陽殿的窗扉多是綠琉璃，皆達照毛髮，不得藏焉，所以特別貴重。大概那時候的成品以從西域進口的為多，所以也以音譯的名稱稱呼這種材料。

圖 5-9
玻璃（料器）珠，徑 6.3 公分，戰國，西元前五至三世紀。罕見如此大。

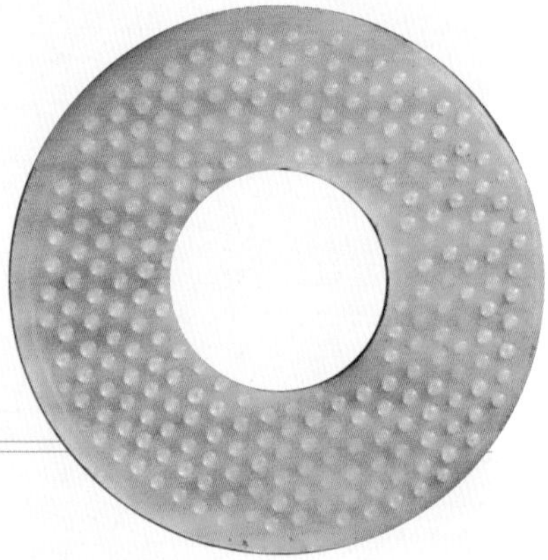

圖 5-10
玻璃璧，徑 11.3 公分，厚 0.2 公分，湖南長沙出土，戰國，西元前 403～221 年，湖南省博物館。呈米黃色，裝飾穀紋，為仿玉製品，採模型鑄法，製作規整而顏色鮮豔，屬於高鉛鋇系統，長沙可能是戰國時期高鉛鋇玻璃的產地。

圖 5-11
料珠，長 1.2～2.3 公分、直徑 1.4～2.3 公分，隨州曾侯乙墓出土，戰國早期，約西元前五世紀。

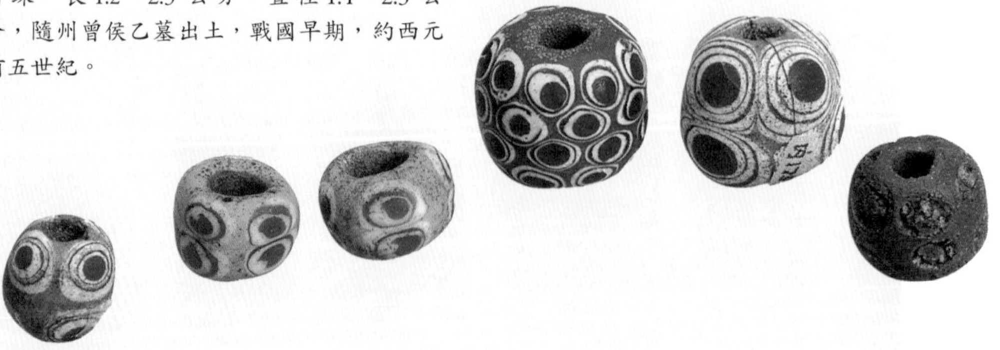

第四章

自古就貴重無比的黃金

金是種質軟、色黃而富光彩的金屬。其外觀和賦性迥異於其他物質，很容易引起人們的注意。尤其是有部分黃金以相當純的狀態存在於自然之中，暴露於地表或沖刷至溪旁，很容易收集，不像其他的礦石要通過高熱熔煉才能取得。黃金的質量不受溫潮的影響，不易氧化腐蝕，所以很早就被很多社群所重視，以之打造裝飾物或作為交換的通貨。環地中海的一些古代文明，至少於距今五千五百年前就以金打造飾物，而且可能於二千八百年前也以之作為貨幣。中國可能因境內沒有豐富的儲藏，才使中國異於其他的古文明，選擇了玉作為表現財富與身分的象徵。

圖 5-12
金簪，長 27.7 公分，寬 2.9 公分，重 108.7 公克，北京平谷出土，藏北京市文物研究所。商代中期，西元前十五至十三世紀。

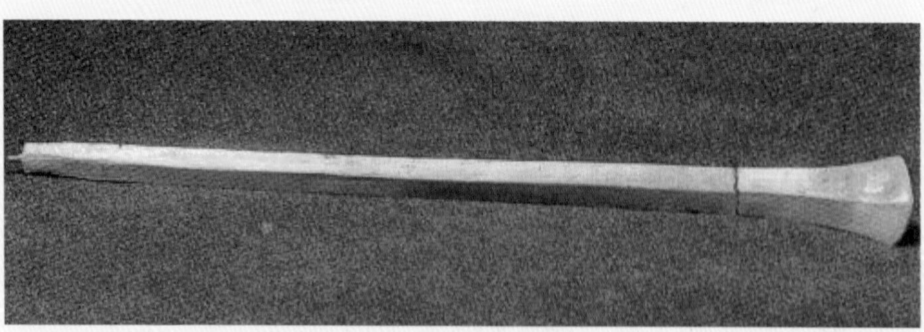

圖5-12這枝截面為鈍三角形的金簪，似乎看不出有何特別之處。但它是黃金做成的，時代屬於商，意義就大不同了。

商代應有足夠的知識了解黃金的優異性質而廣加利用。但是西周之前的出土量很少。金的延展性能非常好，一公克的黃金可打一平方公尺的金箔，薄至〇・〇〇〇一公厘。這一點商代的工匠已很了解，曾有發掘到的少量商代文物是包金箔的。圖5-12這件如果只包裹金箔，實際上用不到半公克的金子，但它整體為金子，重達一百公克，在金子相當罕見的時代，其珍貴可知，應屬非常有地位的人才能擁有的。

金字在商、周時代的意義是金屬，尤其是青銅或其主要的原料紅銅。青銅器鑄成時的呈色近於黃，後來受氧化作用才漸成青色。因此西周初期黃金指的還是青銅。《周易・噬嗑》的「噬乾肉，得黃金。」意思是吃腌製的乾肉時，發現野獸體內的青銅箭頭沒有取出而意外得到小財富，為可喜的現象。後來創造了銅字，金字才逐漸轉稱黃金。《尚書・禹貢》梁州所貢的鏐，註釋家以為即是黃金，然而還未經證實。金字到了漢代才普遍用以指稱黃金。

顯然華北地區少有金的儲藏，中國人才少見使用。鄰近中原的產金區是在楚國的領地，所以要等到春秋末期，楚國積極參與中原的政治時，金的供應才足夠流通而被選為大宗交易的通貨，也出現大量的錯金、鎏金的器物。《史記》記載戰國時國君賞賜臣下，常是黃金千金。根據註解，一金指黃金一斤，重約二百五十公克，反映戰國黃金流通量之大，與西周以前的現象非常懸殊。圖5-12這一件出土於北京平谷縣，不在華夏民族的居住範圍內，可能附近產金量較多，才能以純金打造大件器物。

商代的髮簪不但用來固定髮髻，其頭部的圖紋或雕飾也有裝飾的作用，甚至是地位的表徵。一般簪笄的尾端是逐漸縮小，但這枝簪的尾部卻有長約四公厘的榫狀小針。其作用為何令人費解。如為針灸刺穴的目的，似乎長度太短，不能深入皮膚。與此形狀和出土位置相近的文物可在良渚文化找到，如圖5-13，有部分在尾端具有小短榫的細長玉柄器，其中常見又在短榫

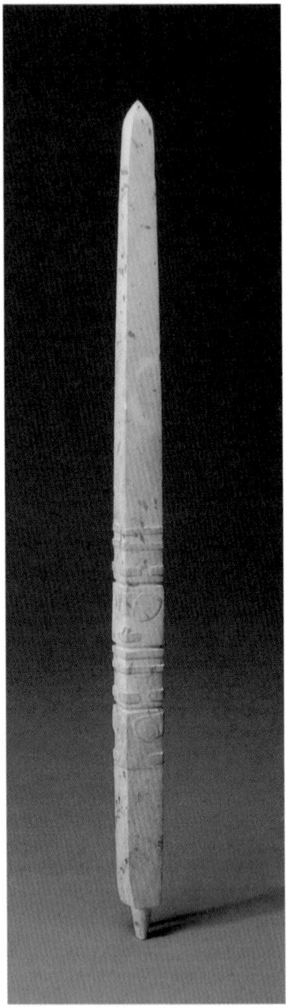

圖 5-13

玉錐形器，長 18.4 公分，餘杭反山出土，浙江省文物考古研究所藏。良渚文化。西元前 3300～2200 年。

上橫向鑽的小孔。如果小孔是為穿線懸掛裝飾而設，則此金簪的榫尖太短，恐怕綁不住絲線，那麼是用來刺入某物體使用嗎？現在還不清楚。

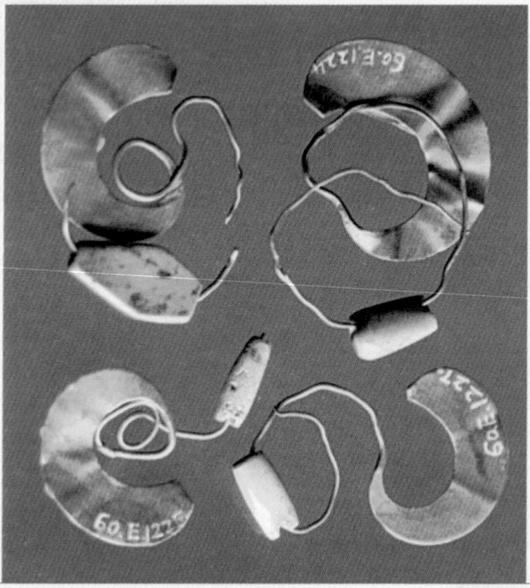

圖 5-14

金珥形飾，寬 3.9 公分～2.7 公分，山西石樓出土，商，西元前十四至十一世紀，呈珥形，珥首粗圓，至珥尾漸細，尾端作細絲狀，細絲處繫有長形松綠石。

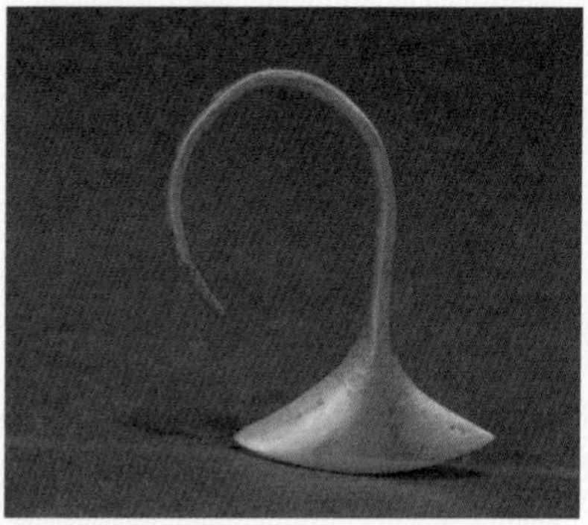

圖 5-15

金耳環，通高 3.4 公分 重 6.8 公克，北京平谷出土，商代中期，西元前十五至十三世紀，藏北京市文物研究所。

圖 5-16
金盞、金匕，高 10.7 公分，徑 15.1，匕長 13，盞重 2156 公克，匕重 6.45 公克，戰國初期，西元前五至四世紀。湖北隨縣出土。湖北省博物館藏。是迄今出土先秦時期最重的一件金質器皿，代表了先秦貴金屬工藝的成就。

圖 5-17
文帝行璽金印，高 1.8 公分，長 3.1 公分，西漢南越王，葬於西元前 122 年。廣東省廣州市南越王墓博物館藏。這是迄今為止所發現的最早的一枚龍鈕金印。

圖 5-18
匈奴金冠飾，徑 16.5 公分，全重 1038.9 公克，戰國，西元前 475～221 年。內蒙古自治區博館藏。這套金冠是迄今為止發現的唯一完整的胡冠，為強悍的匈奴王所戴，是權力與地位的象徵。

圖錄

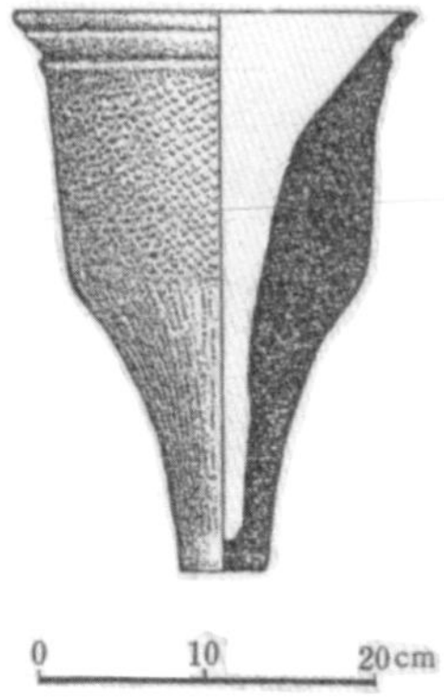

p.030

權威的象徵：鼎

p.034
青銅鼎，高 33.9 公分，商代，西元前十三至十一世紀。

p.035
婦好銘饕餮紋青銅扁足方鼎，高 42.4 公分，晚商，西元前十四至前十一世紀。

p.026
鏤空夔紋青銅尊與鑑，有一尊一盤，尊置於盤內。通高 41.6 公分，尊高 33.1 公分，口寬 25 公分，鑑高 24 公分，直徑 57.6 公分。兩器皆失蠟法鑄成，湖北隨縣曾侯乙墓出土。構形非常繁縟，尊體四隻獸柱對接口沿與圈足。鑑口沿有四方耳，底下四龍形支腳。戰國早期，西元前四世紀。湖北省博物館藏。

設計獨具巧思的熔銅坩鍋

p.028
高 32 公分，口徑 22.8 公分，安陽出土，現藏中國歷史博物館。商晚期，西元前十四至十一世紀。

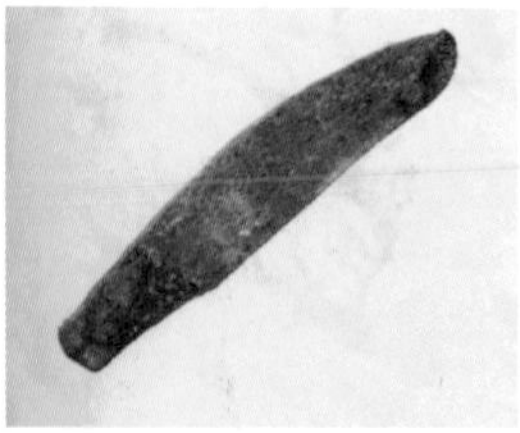

p.018
青銅刀，長 12.5 公分，甘肅東鄉縣出土。馬家窯文化，約西元前三千年。

先人的智慧：塊範法

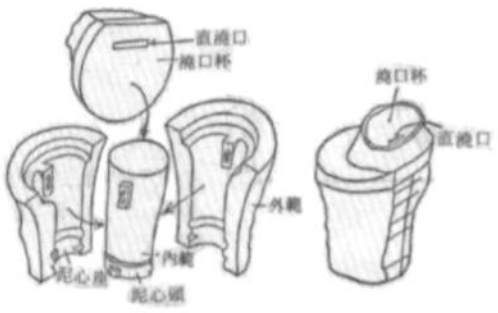

p.023

p.025
長 16.7 ～ 17.9 公分，山西侯馬東周鑄銅遺址出土，西元前五至四世紀。

永鎮器身的刖足守門人

p.043
刖足鬲，高 13.5 公分，口長 11.2 公分，寬 9.2 公分，西周晚期，西元前九至八世紀。

p.045
伯邦父青銅鬲，通高 12 公分，口 18.5 公分，周晚，西元前九至八世紀。

戰爭勝利的證明：利簋

p.049
饕餮紋雙耳垂珥方座青銅利簋，通座高 28 公分，口徑 22 公分，陝西臨潼出土，陝西臨潼縣博物館藏。西周初，約西元前十一世紀。

p.040
弦紋青銅鬲，高 50.7 公分，有多次修補痕跡，中商，約西元前十六至前十四世紀。

p.040
青銅鬲，高 18.2 公分，晚商，約西元前十四至前十一世紀。

專門用來煮飯的鬲

p.037
高 16.7 公分，口徑 13.3 公分，河南鄭州出土。商代中期，約西元前十四至十三世紀。

p.039
衛夫人（變形獸面紋）銅鬲通高 10.6 公分，口徑 16.3 公分，南京市博物館藏。
西周晚期，西元前九至八世紀。

p.053
青銅簋，通高 22.8 公分，口 20.3 公分，周早期，西元前十一至十世紀。

毋放飯、毋反魚肉、毋投與狗骨：蓋豆

p.055
青銅蓋豆，高 23.5 公分，加拿大皇家安大略博物館藏。東周，約西元前 400 ～ 300 年。

p.055
青銅豆，高 10.2 公分，口徑 19.8 公分，商晚期，西元前十四至十一世紀。

p.053
青銅簋，高 11.7 公分，口 16.9 公分，商晚期，約西元前十四至十一世紀。

p.053
方座青銅簋，高 59 公分，口徑 43 公分，西周，約西元前十一至八世紀。陝西省扶風縣博物館藏。

p.053
青銅簋，通高 20.3 公分，周早期，西元前十一至十世紀。

p.050

p.052
青銅簋，高 14.3 公分，口徑 20.7 公分，商晚期，約西元前十四至十一世紀。

p.052
青銅簋，高 14.3 公分，口徑 15.5 公分，商晚期，約西元前十四至十一世紀。

是酒器?或是盛水器?
鹿頭蓋青銅觥

p.061
鹿頭蓋青銅觥，高 20.3 公分，長 26.5 公分，加拿大皇家安大略博物館藏。商代晚期，約西元前十三至十一世紀。

p.062
銅匜高 13.4 公分，口長寬 19.4x18.10 公分，盤高 12.8 公分，口徑 41.6 公分，戰國早期，約西元前五世紀。

p.058
錯金青銅蓋豆，高 19 公分，口徑 17 公分，戰國，西元前 476 ～ 221 年。山西省文物工作委員會藏。

p.058
青銅豆，高 50.2 公分，腹徑 18 公分，底徑 14 公分，戰國早期，約西元前五世紀。

p.057
彩繪漆有把蓋豆，高 24.3 公分，湖北隨州曾侯乙墓，湖北省博物館藏戰國早期，西元前五至四世紀。

p.058
髹漆蟠螭紋青銅蓋豆，高 41.5 公分，口徑 35.3 公分，腹圍 118 公分，約西元前 550 年，附耳有蓋豆，座上無鏤孔。河南博物院藏。

p.058
鑲嵌黃金勾連紋青銅短足蓋豆，高 24 公分，口徑 16.2 公分，戰國，西元前 476 ～ 221 年。湖南省博物館藏。此豆分為上下兩部分。上部為器蓋，下部為豆，將豆蓋拿下後反置，則又自成一器。

特立獨行的書寫方向：欒書缶

p.067
通高 48.8 公分，口徑 16.5 公分，中國歷史博物館藏。春秋中期，西元前七至六世紀。

p.069
青銅缶，高 41.5 公分。缶的時代都是東周，少紋飾。此與圖中壺、勺可能同墓，因地下條件，呈藍色，非常豔麗，與一般青銅器初鑄或受沁後的顏色很不同。推測為楚國文物，約西元前 550～400 年。

p.065
青銅觥，高 14 公分，長 19 公分，商晚期，西元前十四至十一世紀。

p.065
羊頭蓋青銅觥，旂觥，通高 28.7，長 36.5 公分，重 7.55 公斤，康王，約西元前十世紀。陝西省周原博物館藏。這是一件盛酒器。器、蓋各有銘文四十字，大意是：十九年五月中周王在斥，戊子這一天，王命令旂去向相侯傳達命令，賞賜給他土地、青銅和奴隸。

p.063
異形動物形青銅觥，通高 36 公分，長 46.5 公分，重 8.5 公斤，可能是牛首羊角的複合動物，而且身上飾有鳥翼、四腳，因有活蓋、流與把手，故不名尊。有司母辛三字銘，商晚期，西元前十四至前十一世紀。中國社會科學院考古研究所藏。

p.064
龍形青銅觥，商，長 43 公分，寬 13.4，山西石樓出土。

p.065
青銅觥，高 23.5 公分，商晚期，西元前十四至十一世紀。

p.079
饕餮紋平底青銅爵，高 17.6 公分，早商，西元前 1600 ～ 1400 年。

p.079
有柄青銅爵，高 7 公分，通長 17.2 公分，周中晚，西元前十至八世紀。

精心濾酒，以獻神靈

p.081
高 47.4 公分，加拿大皇家安大略博物館藏。東周，西元前五世紀。

p.073
素面平底無柱青銅爵，高 13.5 公分，流細而長 14.5 公分，重 0.75 公斤，二里頭出土，商早期，西元前 1700 ～ 1500 年。

銅爵的演變：爵的型制

p.077
最高 25.7 公分，現藏加拿大皇家安大略博物館。商代，西元前十六至十一世紀。

p.079
青銅角，高 21 公分，口長 11.5 公分，夏晚期，西元前十八至十六世紀。

p.069
青銅缶，高 38.5 公分，口 15.5 公分，春秋晚期，西元前六至五世紀。

p.069
青銅罍，高 43.5 公分，口徑 18.6 公分，商晚期，西元前十四至十一世紀。罍形制較缶大。

雀鳥之形的爵

p.073
青銅爵，高 20.7 公分，河南偃師二里頭出土。商早期，西元前 1700 ～ 1500 年。

p.087
青銅偶方彝，高 60 公分，口長 88.2x17.5 公分，安陽婦好墓出土。商晚期，西元前十四至十一世紀。

p.090
青銅方彝，通高 16.4 公分，口 7.6x9.8 公分，周恭王，西元前十至九世紀。

p.090
日己青銅方彝，通高 38.5 公分，口 17x20 公分，周中期，西元前十至九世紀。

p.084
酒彝器，壺。青銅鑲嵌紅銅與綠松石。高 34.8 公分。東周，西元前五世紀。

反映商代建築風格的彝

p.087
高 25.2 公分，加拿大皇家安大略博物館藏。商代，西元前十二至十一世紀。

p.083
蓮鶴方壺，高 118 公分，口徑 24.9×30.5 公分，春秋中期，約西元前六世紀。

p.084
裝酒彝器，壺。高 39 公分，商代，西元前十三至十一世紀。有六道紋帶銅壺的發掘品不多，大部分是五道或少些。所以它是晚商相當有代表性的銅壺。

p.096
鳥蓋瓠瓜形青銅圓壺，高37.5 公分，戰國，西元前476 ～ 221 年。陝西省博物館。形如瓠子，蓋為鳥形，而得其名。是與祀天有關的禮器。

沐浴淨身

p.099
通高39.5公分，口137.2x86.5公分，寶雞出土。周宣王，西元前827 ～ 782 年。

p.100
高17.4公分，口徑33.1公分，商晚期，西元前十四至十一世紀。

p.095
鑲嵌紅銅水陸攻戰弋獵採桑宴樂紋青銅圓壺，高 36.6 公分，約西元前 500～350 年。

p.096
錯金銀青銅圓壺，通高 24 公分，口徑 12.8 公分，腹徑22.2 公分，足徑 13.8 公分。主人陳璋，齊伐燕之記念。約西元前四世紀。南京博物館藏。

日常生活的寫照：採桑、戈射、飲宴、攻戰

p.093
青銅圓壺，通高 39.9 公分，口徑 13.4 公分，底徑 14.2 公分，四川成都出土，現藏四川省博物館。約西元前500 ～ 350 年。

p.093
器蓋部分

p.094
器頸部分

圖錄

p.105
戰國錯金銀青銅匜鼎，高11.4 公分，口徑 10.5，西元前五至三世紀。

p.107
曾侯乙青銅匜鼎，高 40.2 公分，口 50.2x44.4 公分，戰國早期，約西元前五世紀。

馴化的陸地巨獸 青銅象尊

p.109
高 22.8 公分，長 26.5 公分，重 2.57 公斤，湖南醴陵出土，湖南省博物館藏。商晚期，西元前十三至前十一世紀。

p.102
三輪青銅盤，高 15.8 公分，口 26 公分，春秋晚期，西元前六至五世紀。

講究的飲食生活

p.105
高 6.5 公分，口徑 8.4 公分，現藏山西省博物館。春秋，西元前八至五世紀。山西侯馬出土。

p.101
虢季子白盤的銘文。

p.102
青銅盤，口徑 31.3 公分，高11.2 公分，商中期，約西元前十五至十四世紀。

p.102
牆銘青銅盤，口徑 47 公分，西周初期，約西元前十一世紀。

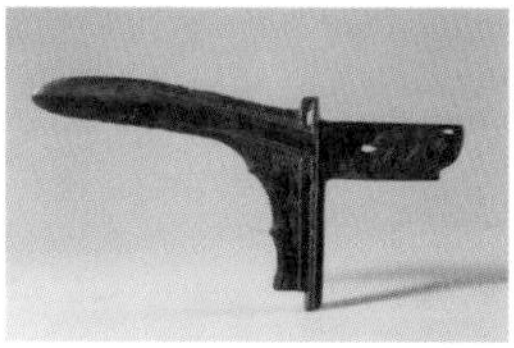

p.121
燕王職青銅戈，長 27 公分，高 13 公分，援 18 公分，內 9 公分，戰國晚期，約西元前三世紀。

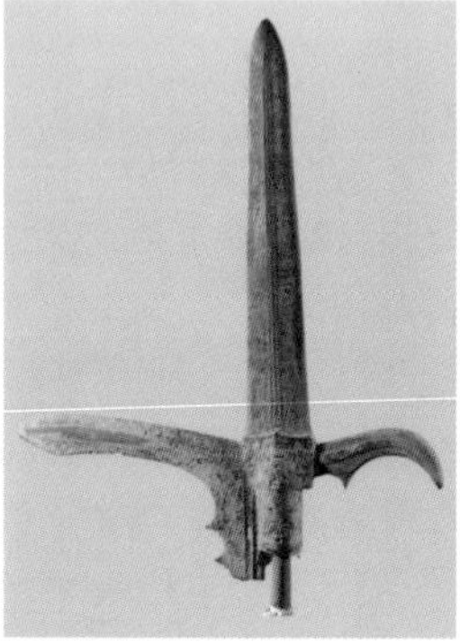

p.121
青銅鉤內戟，長 34 公分，寬 28 公分，戰國中期，約西元前四世紀。

p.121
三角援青銅戈，長 20.5 公分，商朝晚期，西元前十四至十一世紀。

p.115
青銅鳥尊，高 25.3 公分，春秋，西元前八至前五世紀。山西省考古研究所藏。

專為殺人而造的戈

p.118
上：長 21.8 公分，寬 6.8 公分，商晚期，西元前十三至十一世紀。
中：長 22.8 公分，寬 9.4 公分，西周，西元前十一至九世紀。
下：長 30.4 公分，寬 12.2 公分，戰國，西元五至三世紀。

p.110
鳥紋象尊，高 24 公分，長 38 公分，陝西寶雞市博物館藏。西周中晚期，西元前十一至八世紀。

不見其蹤的犀牛

p.113
高 34.4 公分，長 57.8 公分，陝西興平出土，中國歷史博物館藏。西漢，西元前 206 ～西元 25 年。

p.115
青銅犀尊，高 24.5 公分，商後期，西元前十四至十一世紀，舊金山亞洲藝術博物館藏。鼻上、額前各一角，背有口，失蓋，素面無紋，內底銘二十七字，記商王帝辛征人方。

p.131
青銅刀，通長 31 公分，寬頭 11.8 公分，底 8.5 公分，商晚期，西元前十四至十一世紀。

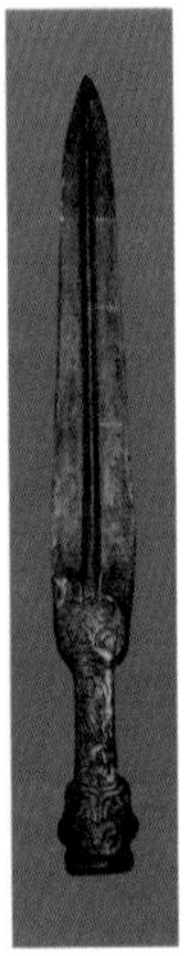

p.131
虎頭青銅短劍，高 22 公分，寬 2.5 公分，春秋晚期，西元前六至五世紀。

p.125
鑲嵌綠松石獸面紋青銅鉞，長 25 公分，寬 17 公分，商晚期，西元前十四至前十一世紀。

越王愛女的陪嫁品

p.129
青銅劍，全長 55.6 公分，寬 4.6 公分，柄長 8.4 公分，湖北江陵出土，現藏湖北省博物館。春秋晚期，西元前六至五世紀。

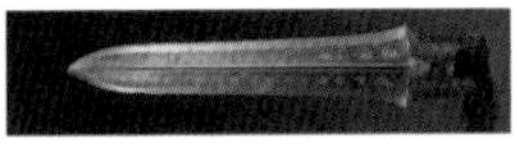

p.121
吳王夫差錯金銘青銅矛，長 29.5 公分，春秋，西元前八至五世紀。湖北省博物館藏。脊背有血槽，鋒部呈弧線三角形。

工藝史的里程碑
「鐵」的使用

p.125
鐵刃銅鉞，殘長 8.7 公分，北京平谷出土，商代，西元前十六至前十一世紀。

p.133
青銅劍(匕首)鞘，高 23 公分，西漢，約西元前 200 ～ 50 年。從紋飾斷為滇國製品。

田獵必備：青銅弓形器

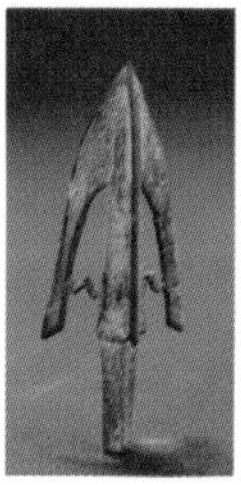

p.135
三翼青銅鏃，通長 5 ～ 9.4 公分，約西元前 550 年，共有四式，前鋒尖銳，截面呈三角形，都有後鋒，後有連體的棍狀長鋌。河南博物院藏。

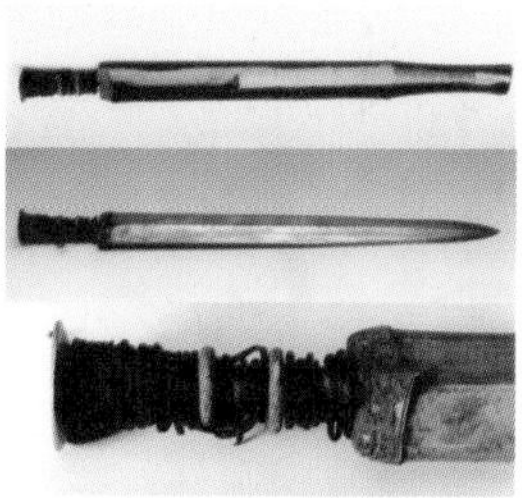

p.132
越王者於青銅劍，長 52.4 公分，戰國早期。

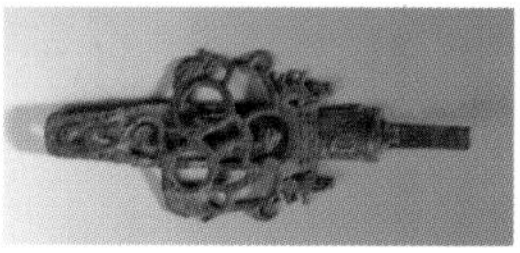

p.133
鏤空蛇紋鞘青銅短劍，長 23.5 公分，鞘 18.4 公分，周早。

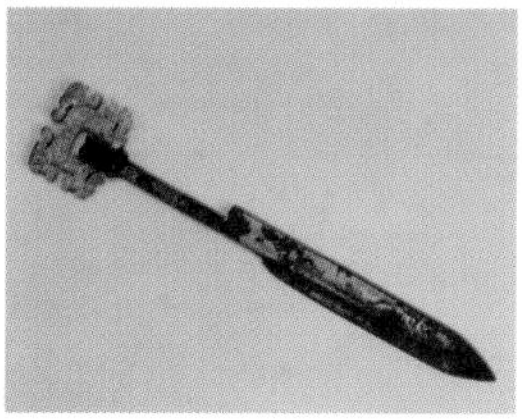

p.133
玉首青銅匕首，通長 22.3 公分，匕寬 1.8 公分，戰國早期，約西元前五世紀。

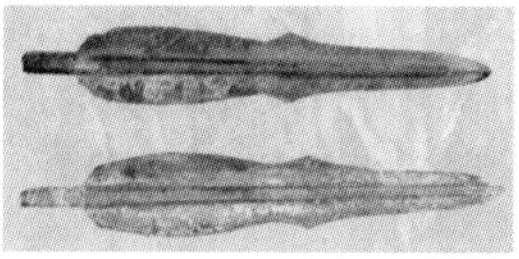

p.133
曲刃青銅劍，長 35.5 公分，內蒙出土，夏家店上層，西元前 1000 ～ 500 年。

p.132
青銅扁莖劍，長 91.5，莖長 19 公分，臨潼兵馬俑坑出土，秦，西元前 221 ～ 209 年。陝西省秦俑博物館藏。指揮官使用，太長，不實用。如此長度，一般要鐵製的才能使用於戰鬥。

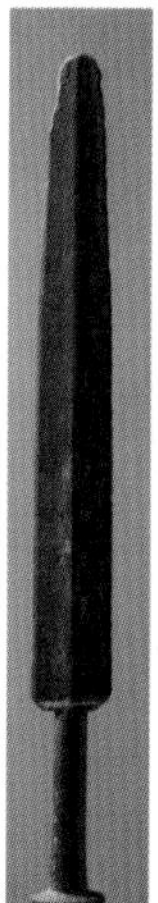

p.132
吳王夫差青銅劍，長 37 公分，身長 28.5，湖北襄陽出土，春秋晚期，西元前六至五世紀。

p.145
鑲嵌金絲花紋的細部。

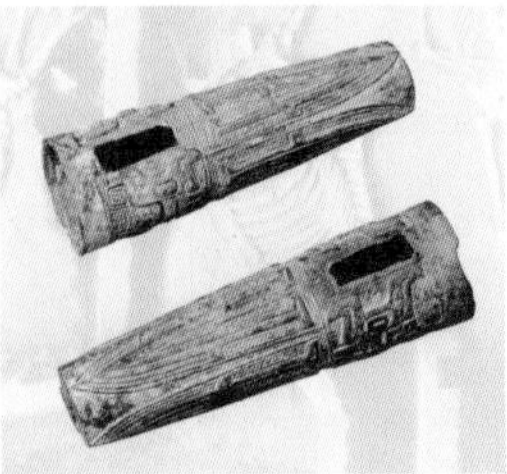

p.146
銅車軸飾，長 15.5 公分、15.6 公分，徑 4.8 公分，大司空村出土，商晚期，西元前十四至十一世紀。

p.146
獸頭青銅軸端，長 13.2 公分，轄長 10.5 公分，春秋早期，西元前八至七世紀。

拉動馬車前進的重要裝置

p.139
腳長 55.7 公分，寬 5.7 公分，軛首高 8 公分，上徑 7 公分，下徑 4 公分，河南安陽大司空村出土。商晚期，西元前十四至十一世紀。

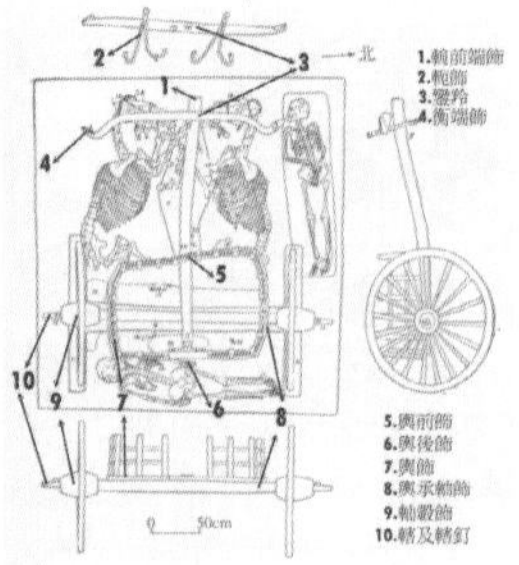

p.141
河南安陽郭家莊商代車馬坑及其上的銅飾件。

銅鏽中隱藏的亮眼異色

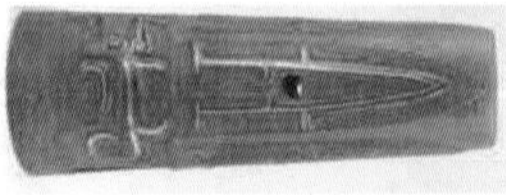

p.145
長 15.8 公分，口徑 5.4 公分，加拿大安大略省博物館藏。商代晚期，西元前十四至十一世紀。

p.135
青銅弓形器，最長 37.5 公分，加拿大皇家安大略博物館藏。商代晚期至西周早期，西元前十三至十一世紀。

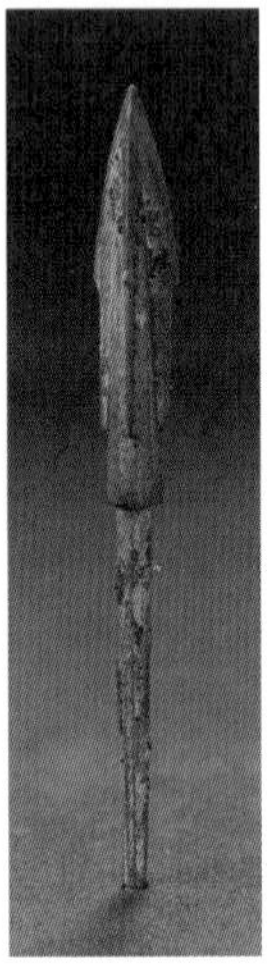

p.137
三翼青銅鏃，通長 5 ～ 9.4 公分，約西元前 550 年。河南博物院藏。

p.137
青銅鏃，長 5.8 ～ 9.1 公分，約西元前 550 年，有三角形刃鏃與三角形星芒的狹刃鏃，中間的脊長短不一。台北歷史博物館藏。

p.158
布紋底幾何龍紋青銅圓鏡，徑 15.3 公分，東周，約西元前 400 ～ 250 年。

p.158
纏枝紋青銅圓鏡，徑 23.2 公分，秦至漢，約西元前 250 ～ 150 年。

悠揚厚重的鐘聲

p.161
通高 89 公分，銑間距 58.5 公分，鼓間距 40 公分，湖南寧鄉出土，湖南省博物館藏。商後期，西元前十四至十一世紀。

p.149
銅四匹馬車模型，通長 317 公分，高 106 公分，臨潼秦陵，秦，西元前 221 ～ 206 年。陝西省博物館藏。按秦代皇帝馬車制此車當是秦始皇鑾駕之一的安車模型，人、馬、車的形製是實物的二分之一大小。

梳妝的重要工具：銅鏡

p.153
圓徑 11.8 公分，厚 0.2 公分，河南安陽婦好墓出土，商，約西元前十四至十一世紀。

美的具體形象：繁複的鏡紋

p.157
青銅方鏡，高 9.1 公分，加拿大皇家安大略博物館藏。東周時代，約西元前五世紀，相傳得自河南洛陽附近。

p.148
嵌壤金與銀的青銅馬車飾件最大直徑 10.5 公分　東周，西元前四至三世紀。

p.148
錯金銀青銅軛飾，長 13.7 公分，高 8.8 公分，戰國中晚期，西元前四至三世紀，河南輝縣出土，中國歷史博物館藏。

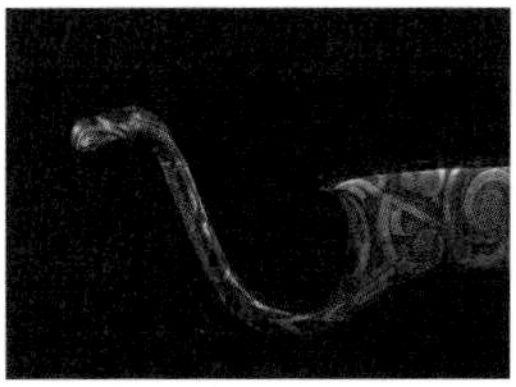

p.149
錯銀青銅承弓器，長 21.5 公分，寬 6.1 公分，戰國中期，約西元前四世紀。

p.172
井叔青銅甬鐘，通高 37.5 公分，銑間 20 公分，鼓間 15.3 公分，周中，西元前十至九世紀。

p.172
秦公青銅甬鐘，高 48 公分，銑間 27 公分，春秋早期，西元前八至七世紀。

p.167
編鐘。最高 26 公分。東周，西元前六世紀。這是一套十四個尺寸遞減的編鐘裏頭的兩件，傳說它們出自今日河南洛陽的東周京城附近的金村。其他的十二件都歸日本的住友氏收藏。人們習慣稱這套編器為驫（ㄅㄧㄠ）鐘，因為它們是由一位姓驫的小貴族訂做的。

不同朝代，相同型制

p.170
鐘。青銅　最高 22.4 公分（左）宋代，大約西元 1105 年。（右）東周，西元前五至四世紀。

鐘鳴雙音，平和悠揚

p.165
高 152.3 公分，湖北隨縣出土，湖北省博物館藏。戰國初期，西元前五至四世紀。

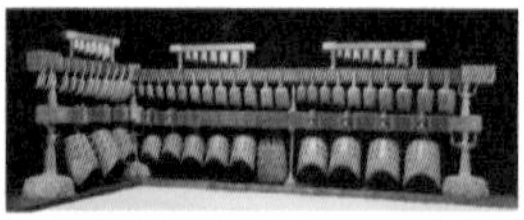

p.166
曾侯乙墓出土編鐘及木架。高 273 公分，長 1079 公分。

經過精心設計的樹形燈

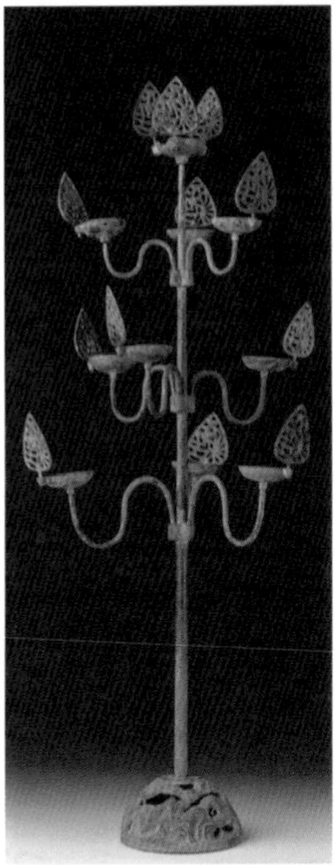

p.184
高 79.7 公分，現藏加拿大皇家安大略博物館。東漢，西元一或二世紀。

p.181
龜上立鶴形青銅燈座，高 43.3 公分，西漢，西元前 206 ～西元 25 年。由五個零件組成，可調整光照角度及消煙設計。

p.181
牛形錯銀青銅燈，高 46.2 公分，東漢，西元 25 ～ 220 年。

專注執燈的燈俑

p.175
高 26.7 公分，現藏加拿大皇家安大略博物館。東周，西元前五世紀。

通體鎏金的高級燈具

p.179
高 48 公分，重 15.85 公斤，河北滿城出土。現藏河北省文物研究所。西漢文帝七年，西元前 185 年。

p.196
青銅香薰，高 12.7 公分，口 8.5 公分，戰國中期，約西元前四世紀。

p.196
青銅香薰，高 10.4 公分，口 8.9 公分，戰國中期，約西元前四世紀。

金爐香炭變成灰；博山爐

p.193
高 26 公分，重 3.4 公斤，河北滿城中山王墓出土。河北省文物研究所藏。西漢，西元前 206 至西元 25 年。

p.195
四連體方薰爐。高 14.4 公分，廣東廣州出土，南越王博物館藏。西漢中期，西元前二至一世紀。

象徵財富的駱駝

p.189
通高 19.2 公分，盤徑 8.9 公分，湖北江陵出土，湖北博物館藏。戰國中晚期，西元前四至三世紀。

p.190
馱貨跪伏駱駝陶俑，北齊，西元 550-577 年。山西省考古研究所藏。高 24.7 公分。

p.206
三人樂奏青銅帶鉤，長 4.5 公分，寬 1.9 公分，內蒙古準格爾旗出土，西漢，西元前三至西元一世紀。

p.206
錯金銀虎紋青銅帶鉤，長 10 公分，戰國，西元前 403 ～ 221 年。

掌握時間的象徵
量影玉戈

p.211
長 94 公分，寬 13.5 公分，盤龍城出土，現藏湖北博物館。商代中期，約西元前十五世紀。

p.201
青銅構件，高 23.5 公分，長 31.5 公分，戰國中期，約西元前四世紀。

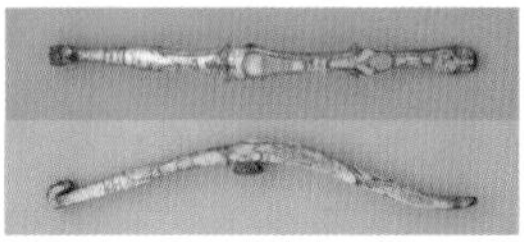

p.203
長 20.5 公分，戰國，西元前 403 ～ 221 年。

p.205
鎏金鑲嵌玉、玻璃銀帶鉤，長 18.4 公分，寬 4.9 公分，河南輝縣出土，戰國魏國，西元前四至三世紀。

p.206
錯金銀犀形青銅帶鉤，長 17.5 公分，高 6.5 公分，四川昭化出土，戰國巴國，西元前四至三世紀。

p.196
透雕青銅香薰，高 16.2 公分，口小 5 公分，大 8.1 公分，戰國早期，約西元前五世紀。

建築上的創舉

p.199
長 42 公分，寬 16 公分，陝西鳳翔出土。春秋，西元前八至五世紀。

p.201
銅構件套合示意圖

表情兇狠的人頭玉佩，是殺敵的勳章

p.217
高 4.3 公分，現藏加拿大皇家安大略博物館。晚商，約西元前 1400 ～ 1100 年前。

p.217
戴羽冠人頭形泛白玉珮。高 16.2 公分，寬 7，厚 0.4，江西新幹出土，晚商，西元前 1400 ～ 1100 年前。

p.214
戈形玉璋，長 38.2 公分，四川廣漢三星堆出土，商代，約西元前 1300 ～ 1000 年。

p.214
各類玉製禮儀用器（戚、璧、刀），雜質綠、棕黃玉。最大長度 33.1 公分。新石器時代，西元前 3000～1000 年。

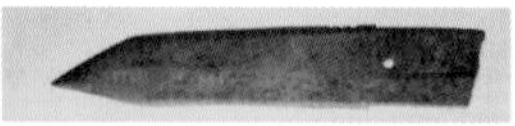

p.214
玉戈，長 43 公分，偃師二里頭出土，約西元前二十一至十七世紀。

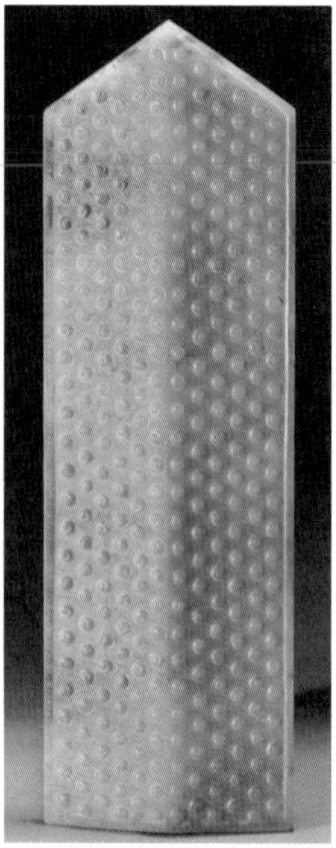

p.212
穀紋黃綠玉珪，長 22.4 公分，寬 7.1 公分，戰國，西元前四至三世紀。

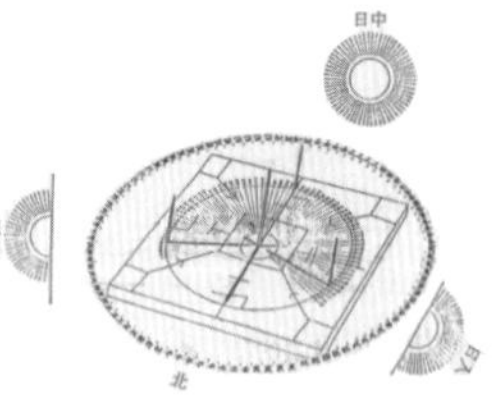

p.212
漢代日晷使用示意圖。

p.230
三璜串飾，通長約 70 公分，陝西長安墓葬出土，西周中期，西元前十至九世紀。中國社會科學院考古研究所藏。三海貝各穿三串由紅色瑪瑙及玉管組成的頸飾。

p.230
瑪瑙首飾，長 1.1 ～ 7.3 公分，雲南晉寧，西漢，西元前三至西元一世紀。

首尾有頭的穹身動物和彩虹降雨的信仰

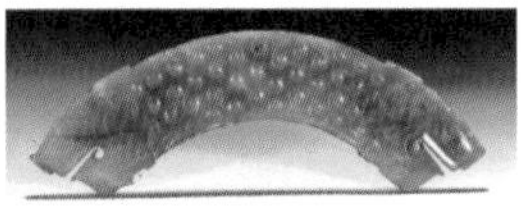

p.233
長 11.6 公分，戰國，約西元前 475 ～ 221 年。

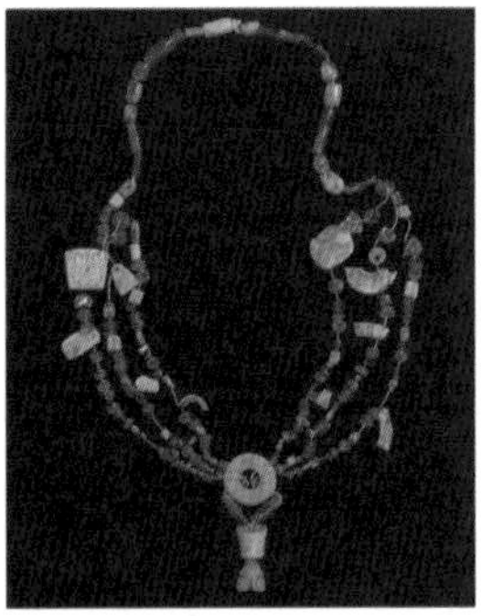

p.229
瑪瑙珠玉多串頸飾，河北房山硫璃河，西周早期燕國遺址，西元前十一至十世紀。周民族系的女性裝飾。

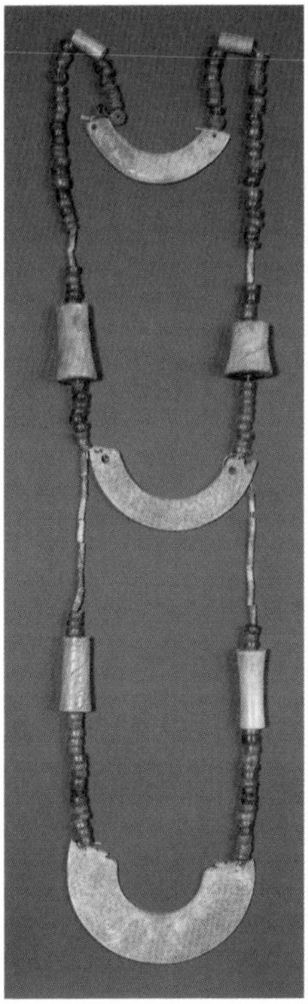

p.229
瑪瑙珠貝玉九串頸飾，長約 28 公分，陝西長安出土，西周早期，西元前十一至十世紀。

南方的吉祥動物：具備貴族品格的鳳

p.223
高 13.6 公分，厚 0.7 公分，河南安陽婦好五號墓出土。商晚期，西元前 1300 ～ 1200 年前。

美麗玉石的象徵意義

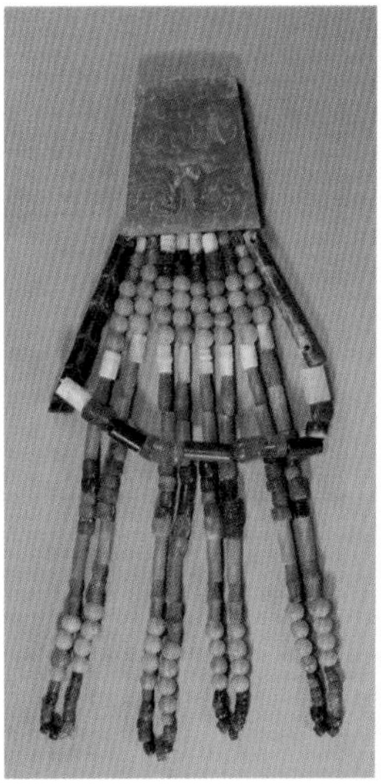

p.226
長約 30 公分，河南省平頂山市應國墓出土，河南省博物館藏。西周晚期，西元前九至前八世紀。

圖錄

圖錄

p.239
黃褐玉劍首，徑 5.1 公分，厚 1.0 公分，戰國晚期至西漢早期，約西元前 350 ～ 150 年。可能是從玉璧挖心的副產品。

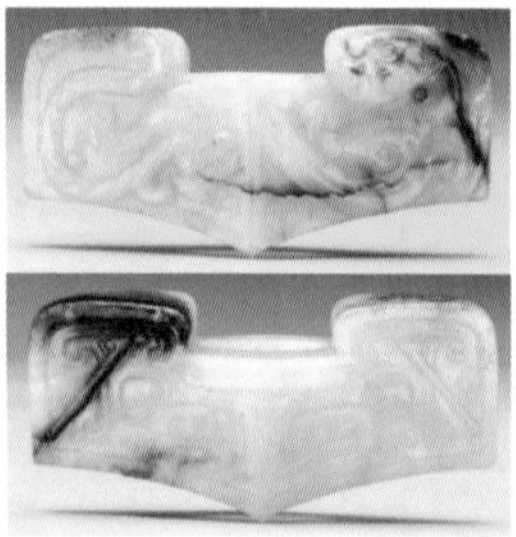

p.239
動物紋青玉劍鐔（劍格），長 6.6 公分，西漢，約西元前 206 ～西元 8 年。

p.238
雙鳥紋黃褐玉劍鐔（劍格），徑 6.2 公分。

p.238
乳釘紋青玉劍璏，長 13.1 公分。廣州南越王墓出土。

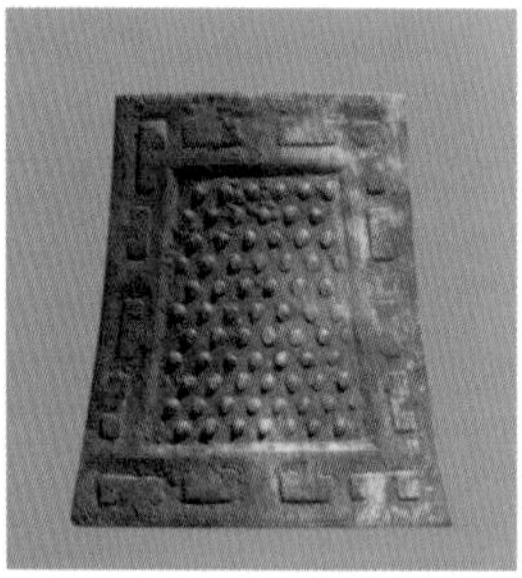

p.238
乳丁紋黃褐玉劍摽（劍珌），長 7.1 公分。廣州南越王墓出土。

p.234
山東嘉祥武氏祠左石室屋頂前坡西段的雷神出行施威圖，彩虹的形象與甲骨文的虹字相同。

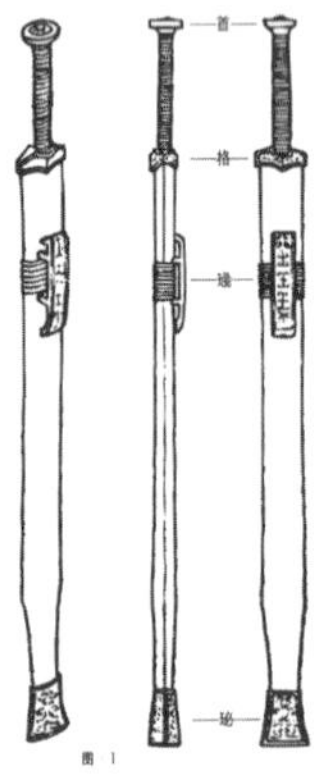

p.237

成套的玉劍飾，是王者的象徵

p.238
雙連雲紋黃褐玉劍首（劍琫），徑 6.7 公分。廣州南越王墓出土，西漢早期，約西元前 200 ～ 150 年。廣州南越王墓出土。

行氣健身的祕訣

p.249
行氣銘玉剛卯，高 5.2 公分，徑 3.4 公分，天津市歷史博物館藏。戰國，西元前 475 ～ 221 年。

p.251
剛卯銘

策馬雲間：對成仙的嚮往

p.241
高 7 公分，長 8.9 公分，陝西咸陽出土，陝西咸陽市博物館藏。西漢，西元前 206 ～西元 25 年。

p.242
銅踏燕飛馬，長 45 公分，高 34.5 公分，甘肅武威出土，甘肅省博物館藏東漢，西元 26 ～ 220 年。

蟬蛻龍變，棄俗登仙

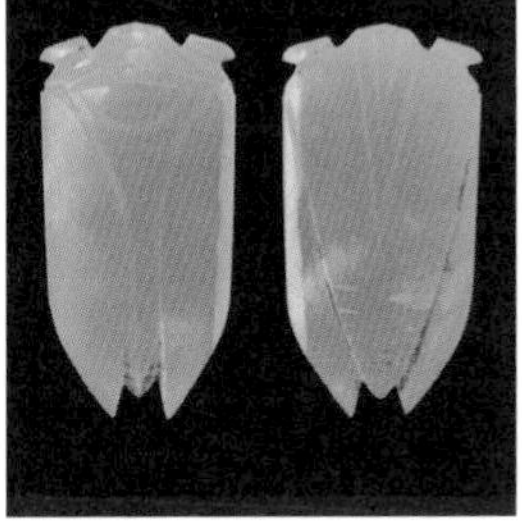

p.245
長 5.7 公分，寬 2.9 公分，西漢晚期，西元前一至西元一世紀，江蘇揚州博物館收藏。

p.239
夔質為白色玉劍鞘旁飾，長 6.2 公分，東周，約西元前 300 ～ 200 年。

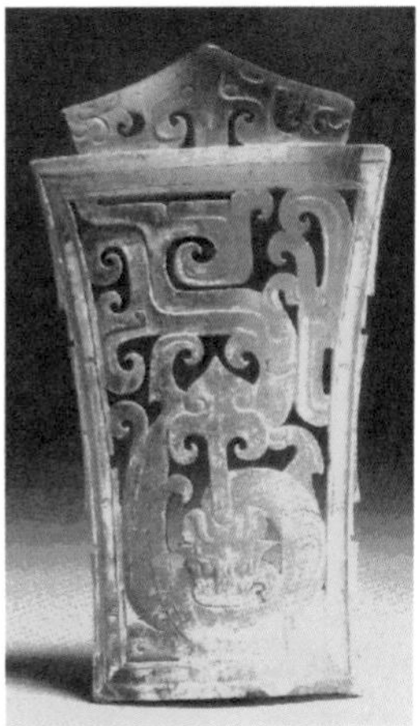

p.239
灰綠玉劍鞘端飾，長 11.3 公分，戰國至漢，約西元前 350 ～ 150 年。

偉大神靈的指引

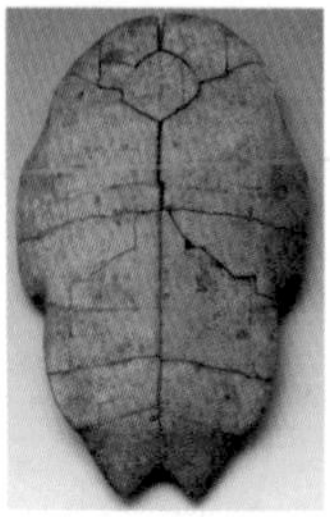

p.266
長 16.2 公分，現藏加拿大皇家安大略博物館。商代，西元前十四至十三世紀。

p.266
商代第四期卜骨，長 27.5 公分，安陽小屯南地，西元前十二至十一世紀。

戲劇的開端：與虎搏鬥

p.269
虎骨刻辭，長 12.2 公分，加拿大皇家安大略博物館藏。商代晚期，西元前十二至十一世紀。

用兆紋來推測命運

p.262
牛肩胛骨上的甲骨文，最長 25.8 公分，現藏加拿大皇家安大略博物館。商代，公元前十四至十一世紀。

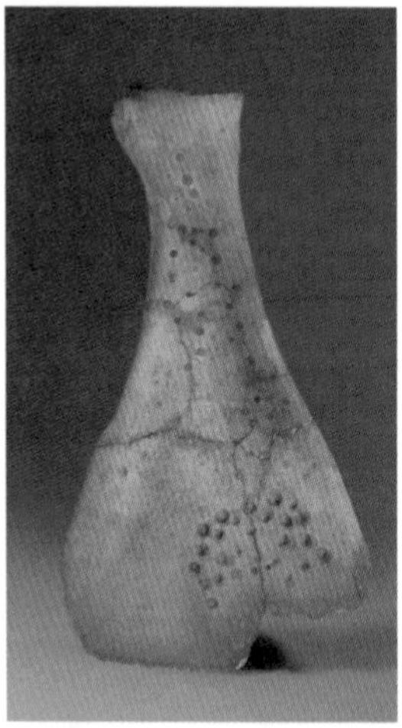

p.264
全骨的形狀，高 26.5 公分，鄭州。

p.258
骨笄，長 12.5 ～ 14 公分，河南安陽婦好墓出土。商代晚期，西元前十三至十一世紀。

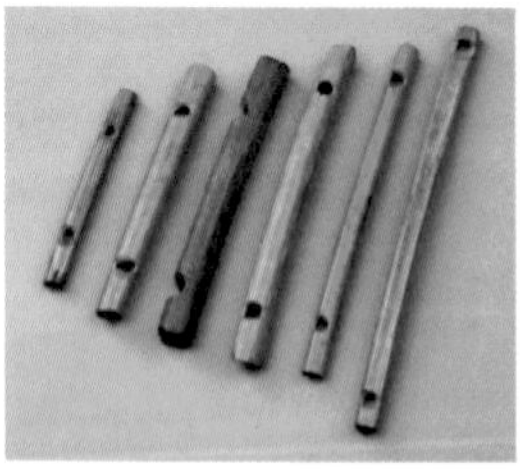

p.259
骨笛，長 6 ～ 10 公分，河姆渡出土，六千多年前。禽類的骨管所製成，管內還插一根可以移動的肢骨，用以調節音調。

p.285
天降單于紋陶瓦當，徑 17.1 公分，包頭市出土，西漢，西元前 206 ～西元 24 年。中間的釘孔是為了將之釘牢於屋頂的木格上。

p.286
菱形幾何紋鋪地陶磚，長 43.5 公分，寬 31.5 公分，山東臨淄出土，戰國，西元前 403 ～ 221 年，中國歷史博物館藏。

p.286
太陽雲紋磚，長 44 公分，咸陽一號宮殿出土，秦，西元前 221 ～ 207 年，咸陽市博物館藏印花鋪地磚，菱形四方連續，中太陽，四周雲紋，紋飾工整細膩。

墓葬中蘊含的神仙思想

p.279
高 34.7 公分，現藏加拿大皇家安大略博物館。西漢，西元前一世紀。

p.283
夔鳳紋陶瓦當，寬 40 公分，秦始皇陵採集，西元前 221 ～ 207。

社會地位的象徵：華麗的居家裝飾

p.284
口徑 15.5 公分，秦始皇陵出土，西元前 221 ～ 207 年。

p.271
漢畫像石上的戲虎圖。

p.272
骨柶斷片。最長 13.1 公分，加拿大皇家安大略博物館藏。商代，西元前十三至十一世紀。

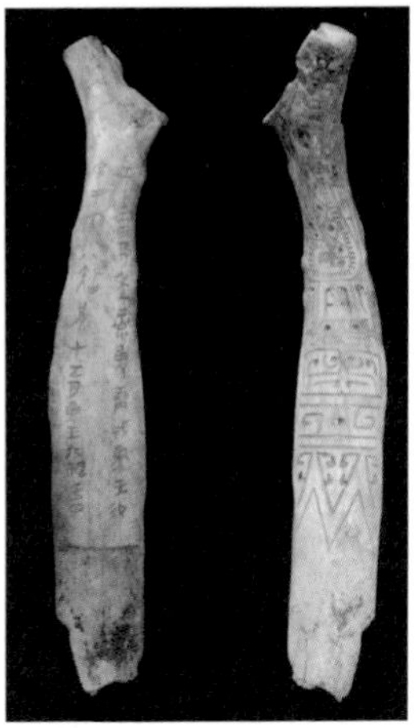

p.272
嵌鑲綠松石骨雕，長 27.3 公分，寬 3.8 公分，晚商，帝辛六年，西元十二至十一世紀。為捕獲犀牛的記錄。

圖錄

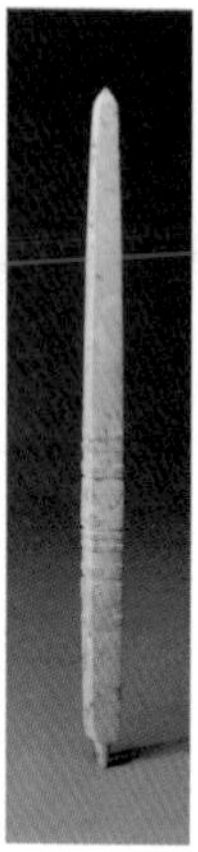

p.296
玉錐型器，長 18.4 公分，餘杭反山出土，浙江省文物考古研究所藏。良渚文化。西元前 3300 ～ 2200 年。

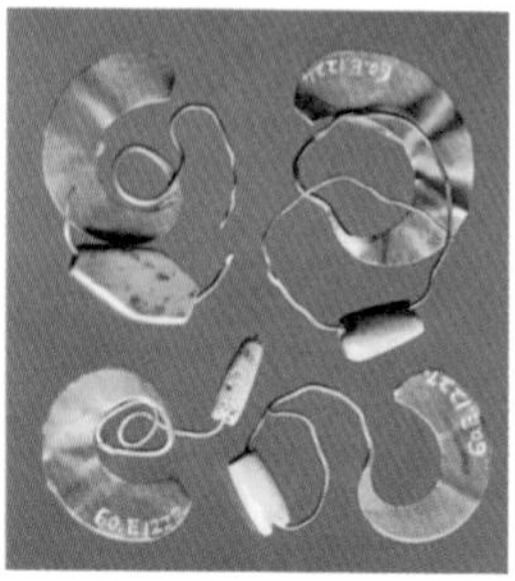

p.297
金珥形飾，寬 3.9 公分～ 2.7 公分，山西石樓出土，商，西元前十四至十一世紀，呈珥形，珥首粗圓，至珥尾漸細，尾端作細絲狀，細絲處繫有長形松綠石。

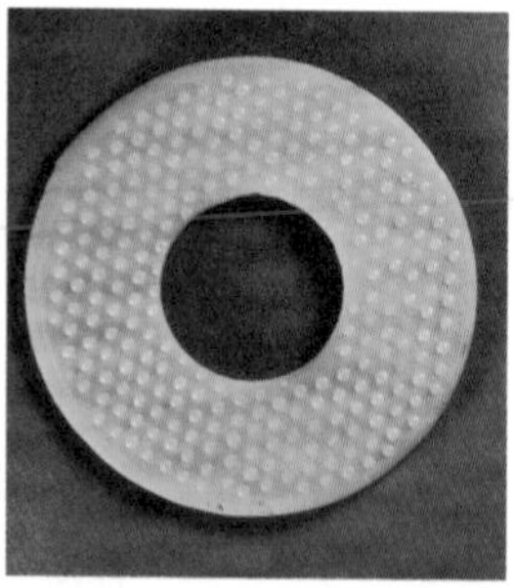

p.292
玻璃璧，徑 11.3 公分，厚 0.2 公分，湖南長沙出土，戰國，西元前 403 ～ 221 年，湖南省博物館。呈米黃色，裝飾穀紋，為仿玉製品，採模型鑄法，製作規整而顏色鮮豔，屬於高鉛鋇系統，長沙可能是戰國時期高鉛鋇玻璃的產地。

p.292
料珠，長 1.2 ～ 2.3 公分、直徑 1.4 ～ 2.3 公分，隨州曾侯乙墓出土，戰國早期，約西元前五世紀。

帶金佩紫，貴族所好

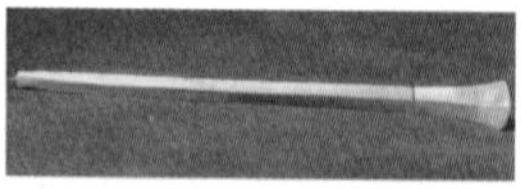

p.294
金簪，長 27.7 公分，寬 2.9 公分，重 108.7 公克，北京平谷出土，藏北京市文物研究所。商代中期，西元前十五至十三世紀。

p.286
方磚，長 33.5 公分，厚 5.3 公分，咸陽市出土，西漢，西元前 206 ～西元 24 年，咸陽市博物館藏。對角安排雲雷與迴紋，樸素大方。

通體琉璃，多彩照人

p.289
最大直徑 3 公分，加拿大皇家安大略博物館藏。東周，約西元前五至三世紀。

p.292
玻璃（料器）珠，徑 6.3 公分，戰國，西元前五至三世紀。罕見如此大。

圖錄

p.298
匈奴金冠飾，徑 16.5 公分，全重 1038.9 公克，戰國，西元前 475 ～ 221 年。內蒙古自治區博館藏。這套金冠是迄今為止發現的唯一完整的胡冠，為強悍的匈奴王所戴，是權力與地位的象徵。

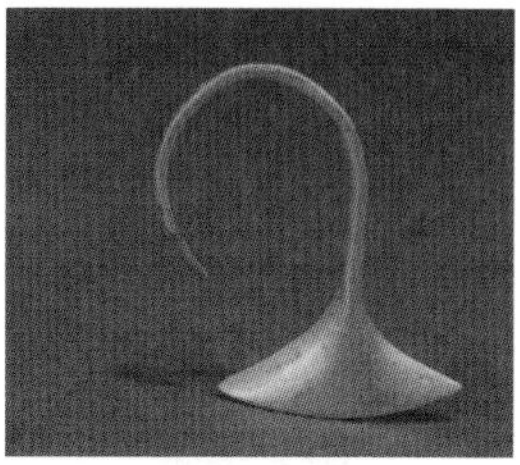

p.297
金耳環，通高 3.4 公分 重 6.8 公克，北京平谷出土，商代中期，西元前十五至十三世紀，藏北京市文物研究所。

p.298
金盞、金匕，高 10.7 公分，徑 15.1， 匕長 13， 盞重 2156 公克，匕重 6.45 公克，戰國初期，西元前五至四世紀。湖北隨縣出土。湖北省博物館藏。是迄今出土先秦時期最重的一件金質器皿，代表了先秦貴金屬工藝的成就。

p.298
文帝行璽金印，高 1.8 公分，長 3.1 公分，西漢南越王，葬於西元前 122 年。廣東省廣州市南越王墓博物館藏。這是迄今為止所發現的最早的一枚龍鈕金印。